Tillmann Luther

Die Kraft des positiven Glaubens

Tillmann Luther

Die Kraft des positiven Glaubens

24 x Motivation für den Alltag

Fromm Verlag

Imprint

Cover image: Vom Autor bereitgestellt

Publisher:
Fromm Verlag
is a trademark of
Dodo Books Indian Ocean Ltd. and OmniScriptum S.R.L publishing group

120 High Road, East Finchley, London, N2 9ED, United Kingdom
Str. Armeneasca 28/1, office 1, Chisinau MD-2012, Republic of Moldova, Europe
Managing Directors: Ieva Konstantinova, Victoria Ursu
info@omniscriptum.com

Printed at: see last page
ISBN: 978-3-8416-0198-8

Inhalt

Vorwort

Es sind Sommerferien. Meine Frau und ich haben ein Super-Sonder-Spezialticket von der Bahn. Wir fahren Richtung Norden. Zweimal steigen wir um. Alles klappt tadellos. Aber beim dritten Umsteigen benutzen wir einen Euro-City. Dafür haben wir eine Platzreservierung. Und da geschieht etwas Eigenartiges: Wir finden unsere reservierten Plätze nicht! Wir gehen durch die gesamte Zweite Klasse. Doch der Wagen mit der angegebenen Nummer fehlt. Da kommen einem Gedanken wie: *Das ist doch der Gipfel der Unverschämtheit!* Ein ganzer Wagen der Zweiten Klasse ist verschwunden! Endlich kommt der Zugbegleiter. Und der Mann zeigt uns, wo unsere Plätze sind. Die gibt es nämlich tatsächlich und zwar in der Ersten Klasse! Denn das Super-Sonder-Spezialticket gilt eben für die Erste Klasse. Da werden einem die Zeitungen und der Kaffee direkt an den Platz gebracht. Da haben wir einmal das Vorrecht, so günstig mit der Ersten Klasse zu fahren und wir machen zwei Züge lang keinen Gebrauch davon. Leider ist das oft auch mit dem Glauben so. Gott bietet uns die unermesslich grosse Kraft des Glaubens an und wir nutzen sie nicht. Dabei will diese Kraft unser Leben in positiver Weise durchdringen. Sie wartet nur darauf, von uns eingesetzt zu werden.

Dies sollen die folgenden 24 Predigten zum Ausdruck bringen. Sie wurden von mir in den letzten Jahren in verschiedenen Kirchen des Oberwallis gehalten. Mögen sie für jeden, der sie zur Hand nimmt, eine echte Ermutigung im Alltag sein.

Tillmann Luther

Visp, im September 2011

„So kommst du im Leben weiter!“ 1. Mose 32, 23-32

Und Jakob stand auf in der Nacht und nahm seine beiden Frauen und die beiden Mägde und seine elf Söhne und zog an die Furt des Jabbok, nahm sie und führte sie über das Wasser, so dass hinüberkam, was er hatte, und blieb allein zurück. Da rang ein Mann mit ihm, bis die Morgenröte anbrach. Und als er sah, dass er ihn nicht übermochte, schlug er ihn auf das Gelenk seiner Hüfte, und das Gelenk der Hüfte Jakobs wurde über dem Ringen mit ihm verrenkt. Und er sprach: Lass mich gehen, denn die Morgenröte bricht an. Aber Jakob antwortete: Ich lasse dich nicht, du segnest mich denn. Er sprach: Wie heisst du? Er antwortete: Jakob. Er sprach: Du sollst nicht mehr Jakob heissen, sondern Israel; denn du hast mit Gott und mit Menschen gekämpft und hast gewonnen. Und Jakob fragte ihn und sprach: Sage doch, wie heisst du? Er aber sprach: Warum fragst du, wie ich heisse? Und er segnete ihn daselbst. Und Jakob nannte die Stätte Pnuël; denn, sprach er, ich habe Gott von Angesicht gesehen, und doch wurde mein Leben gerettet. Und als er an Pnuël vorüberkam, ging ihm die Sonne auf; und er hinkte an seiner Hüfte.

Neulich sehe ich ein Foto von einer Turmuhr. Jetzt denkst du vielleicht: Was soll daran besonders sein? Uhren an Türmen gibt es viele. Und trotzdem: Die Uhr, die ich gesehen habe, war ausserordentlich. Denn die zwölf Stunden waren nicht durch Zahlen angegeben, sondern durch Buchstaben. Diese zwölf Buchstaben fügten sich zu einem kurzen Satz zusammen: ZEIT IST GNADE. Und das stimmt. Zeit ist ein Geschenk. Zeit ist begrenzt. Zeit gilt es darum zu nutzen. Nimm dir Zeit, das Notwendige zu tun!

Darum ist der erste Punkt: **Lauf vor deinen Problemen nicht davon!** Denn gerade dadurch kommst du in deinem Leben weiter. Jakob begreift das. Jakobs Problem ist sein Bruder Esau. Jakob hat seine Eltern, seine Familie verlassen, weil es da Streit und Betrug gegeben hat. Jakob hat sich listig den Segen des Erstgeborenen von seinem Vater Isaak erschlichen. Jakob flieht darum, weil er die Wut seines Bruders Esau fürchten muss. In der Fremde hat sich Jakob ein neues Leben aufgebaut. Doch Jakob hat seine wahren Probleme jahrelang verdrängt. Und nun sucht er einen neuen Anfang mit seinem Bruder. Denn Jakob will nicht länger vor seiner Vergangenheit davonlaufen. Soweit zu Jakob.

Und du? Mache es doch wie er! Lauf auch du vor deinen Problemen nicht davon! Frag dich darum wie Jakob: Wo hast du etwas offen? Mache dir eine Liste mit drei Gruppen von Leuten: 1. deine Familie und Verwandte. 2. Freunde und nähere Bekannte. 3. Kollegen und Nachbarn. Überlege dir dann gezielt: Wo sind da deine unbereinigten Situationen? Was solltest du in Ordnung bringen? Beim wem dich melden, um etwas endlich zu klären? Und dann pack es wie dieser Jakob wirklich an! **Lauf vor deinen Problemen nicht davon!** Das ist das Erste.

Und nun das Zweite, wenn du im Leben weiter kommen willst: *Foul! Rote Karte! Platzverweis!* So würde man auf dem Fussballplatz rufen. Da stösst doch jemand den Jakob in die Seite. Aber das ist kein gemeines Foul. Denn Gott selbst stösst hier den Jakob in bewusst positiver Absicht. Gott versetzt Jakob einen Stoss, damit Jakob seine Fehler einsieht. Damit Jakob sich endlich ganz und gar auf Gott verlässt und nicht auf List und Betrug. Damit Jakob endlich den geraden Weg geht. Das Zweite ist darum: **Lass dich anstossen!** Auch wenn es manchmal wehtut!

Ein Freund von mir ist ein sehr schlechter Student gewesen. Anwalt sollte er werden. Statt in die Bücher schaut er nur ins Glas. Statt Rechtsfälle an der Universität zu wälzen, wälzt er sich bis mittags im Bett. Statt sein Examen zu machen, steht er kurz davor, aus dem Seminar geworfen zu werden. Hätte mein Freund ein Wappentier gehabt, es wäre das Faultier gewesen. Das erfährt ein bekannter, älterer Rechtsanwalt. Er geht direkt ins Lieblingswirtshaus des besagten Freundes. Er brüllt den jungen Studenten vor allen Gästen an. Er sagt ihm, was er für ein Nichtsnutz er ist. Und was es für eine zum Himmel reichende Schande ist, dass er sein Talent, seine Gaben und seine Intelligenz wegwirft. Das sind sehr harte Worte, aber sie sind wahr! Und sie treffen mitten ins Herz. Mit hochrotem Kopf verlässt mein Freund das Lokal. Denn er kapiert: So kann es nicht weitergehen. Er geht, ja er rennt auf sein Zimmer. Und ab diesem Tag lernt er und sitzt hinter seinen Büchern! Und er macht das beste Examen seines Jahrgangs. Er kommt als Richter nach Karlsruhe und macht eine gute Karriere. Ein nicht gerade sanfter Anstoss hat ihn dazu gebracht, ein entschiedener Stoss zur rechten Zeit.

Überlege das auch bei dir: Wo will Gott bei dir etwas anstossen? Wo will Gott das tun: Direkt durch sein Wort, durch andere Menschen oder eine bestimmte Situation? Lass dich anstossen! Auch wenn es im Moment vielleicht unangenehm ist! Lass dich von unserem Bibeltext dazu anstossen, dass Glauben etwas mit Aushalten und Dranbleiben zu tun hat. Jakob ringt hier mit Gott und mit seinen Problemen. Und dieses Ringen ist positiv! Auch für dich! Denn Probleme haben auch etwas Gutes an sich: Sie produzieren Geduld, Stehvermögen und neue Ideen. Probleme helfen dir! Überlege dir mal, was das für dein zurzeit grösstes Problem bedeuten kann?!

Schau mal her auf diese Bratpfanne, die ich in der Hand halte. Nehmen wir mal an, du willst darin einen Fisch zubereiten. Meine Frage ist: Wie lange muss der Fisch in der Pfanne bleiben? Die Antwort ist klar: Bis er bereit, bis er geniessbar ist! Genauso ist es mit dir: Wenn du gerade den Eindruck hast, dass du dich wie in einer Pfanne fühlst, dann kann es sein, dass Gott dich für etwas Besseres, Grosses, Positives zubereitet. Und darum bleib dran. Versuche nicht, der Bratpfanne vorzeitig zu entfliehen, sonst könnte es sein, dass du NIE wirklich bereit und geniessbar wirst. Und darum bete nicht: *Herr, nimm möglichst schnell mein Problem von mir weg. Am besten schon vorgestern.* Nein! Sondern bete besser so: *Herr, gib mir die Kraft, an diesem Problem dranzubleiben und auszuhalten, bis ich meine nötige Lektion gelernt habe!*

Lass dich anstossen! Lass dich von unserem Bibeltext dazu anstossen, hemmungsloser mit Gott zu sprechen! Es gibt ja Leute, die so manche Dinge hemmungslos tun: Hemmungslos streiten, hemmungslos kritisieren. Oder hemmungslos 10% die Preise senken, wie die Lebensmittelkette Migros nach dem Fussball-Sieg der Schweiz gegen Spanien bei der Fussball-WM 2010. Du aber mache ab heute etwas anderes hemmungslos: Sprich hemmungslos mit deinem Gott! Jakob macht es dir hier vor. Das ist doch grossartig, wie Jakob hier mit dem Allmächtigen redet: *Ich lasse dich nicht, du segnest mich denn.* Freunde, mehr solche Beter braucht es unter uns! Und auch du darfst so frei mit Gott sprechen!

Lass dich anstossen von Jakob, Gott an seine Versprechen zu erinnern: Einige Kapitel vorher sagt Gott: *1. durch dich, Jakob, sollen alle Geschlechter auf Erden gesegnet werden. 2. ich bin mit dir und will dich behüten.* Jakob pocht hier also mit besonderem Nachdruck auf Gottes Wort. Mache das genauso. Erinnere Gott auch und gerade in Krisenzeiten an sein Wort. Halt dich fest an seinen Zusagen. Halte Gott deinen Taufspruch vor. Dein Konfirmationswort. Ein anderes Wort, das dir aus der Bibel wichtig geworden ist. Halte dieses Wort Gott immer wieder vor. Wie ein Kleinkind, das Schokolade will und nicht Ruhe gibt. Wie ein Fussballfan, der ständig in die Vuvuseela bläst (das sind die südafrikanischen Dauertröten von besagter WM 2010). Geh Gott auf den Nerv, wie ein Zahnarzt ohne Betäubung bei der Wurzelbehandlung. Martin Luther sagt: *Wir sollen Gott mit seinen eigenen Worten in den Ohren reiben.* Und darum: Erinnere Gott an seine Versprechen. Lass dich anstossen: Auch indem du deine Dankbarkeit zeigst. Aus Jakobs Worten spricht am Ende dankbares Staunen. Jakob ist klar: Dieser Ringkampf mit Gott war Gnade. Jakob hat mit Gott ringen dürfen! Beim Sportringen ist es so: Da gibt es verschiedene Gewichtsklassen. Gottes Klasse ist aber Ewigkeiten von uns entfernt. Aus reiner Güte lässt Gott sich auf den Kampf mit Jakob ein. Und darum spricht aus Jakobs Worten am Ende Dankbarkeit. Ein Vorschlag: Geh heute Nachmittag oder heute Abend einmal gezielt dein Leben durch. Und dann überlege es dir: Wo überall kannst du Gott für schmerzhafte Anstösse, unbequeme Lektionen, schwierige Kämpfe danken. Wo kannst du Gott auch dafür danken, dass er bestimmte Bitten nicht nach deinen, sondern nach SEINEN Vorstellungen erhört hat. Schreib auf diesem Hintergrund dein persönliches Dankgebet. Leg es in deine Bibel ein. So kommst du im Leben weiter: **Lauf vor deinen Problemen nicht davon! Lass dich anstossen!** Und nun das Dritte:

Ein Radfahrer fährt ganz gemütlich genau vor einer Strassenbahn. Der Tramwagenführer ärgert sich. Er öffnet sein Fenster und ruft: *Kannst du denn nicht woanders fahren?* Darauf der Radfahrer mit mildem Lächeln: *Ich schon, aber du?!* Dieser Jakob kann ab jetzt wirklich anders. Er hinkt zwar vom Platz. Aber Jakob heisst nach Gottes Anstoss nun *Israel,* das heisst Gotteskämpfer. Vom listigen Betrüger wird Jakob zum Werkzeug Gottes. Jakob wird ab jetzt seinen Glauben praktisch umzusetzen. Das ist daher das Dritte: **Lebe deinen Glauben praktisch!** Jakob verlässt die eingefahrenen alten Schienen. Versöhnt mit Gott, versöhnt sich Jakob mit seinem Bruder. Davon kannst du im nächsten Kapitel zu Hause nachlesen. Lebe auch du deinen Glauben praktisch! Ich gehe davon aus, dass viele von euch an Gott glauben. Die wichtige Frage ist jedoch nun folgende: Was machst du aus diesen deinem Glauben? Wo gibt es zB bei dir eingefahrene Schienen? In deiner Ehe? In der Beziehung zu anderen? In deiner Einstellung zu dir selbst? Lebe deinen Glauben praktisch! Verlass mit Gottes Hilfe die negativen Wege. Lass dich von Gott auf einen neuen, einen guten Weg führen. Dann geht dir wie Jakob am Ende die Sonne auf.

Unser Thema war: **„So kommst du in deinem Leben weiter!"** Dieser Bibeltext nennt dir drei entscheidende Schritte: **Lauf vor deinen Problemen nicht davon! Lass dich anstossen! Lebe deinen Glauben praktisch!** Gott segne dich dazu. Amen.

„Geh positiv in die Zukunft!“ 2. Samuel 9, 6-8.

Als nun Mefi-Boschet, der Sohn Jonathans, des Sohnes Sauls, zu David kam, fiel er auf sein Angesicht und huldigte ihm. David aber sprach: Mefi-Boschet! Er sprach: Hier bin ich, dein Knecht.

David sprach zu ihm: Fürchte dich nicht, denn ich will Barmherzigkeit an dir tun um deines Vaters Jonathan willen und will dir den ganzen Besitz deines Vaters Saul zurückgeben; du aber sollst täglich an meinem Tisch essen. Er aber fiel nieder und sprach:

Wer bin ich, dein Knecht, dass du dich wendest zu einem toten Hunde, wie ich es bin?-

Wer von euch ist schon einmal auf einem Motorrad gefahren? Und nun stell dir vor, so ein Motorradfahrer macht folgendes: Regelmässig vor der Abfahrt nimmt er eine kleine Schippe Sand. Und er wirft diesen Sand ins Getriebe seiner Maschine. Ob ihr das bekommt? Ob das die Leistung des Motors steigert? Nein! Denn der Motor ist dann bald ruiniert. So ist das auch mit deinen Gedanken. Negative Gedanken, überflüssige Sorgen, ständiges Grübeln schaden dir. Dagegen: Glauben und Vertrauen in Gott sind positives Schmieröl für dein Leben. Und darum **erwarte Gutes!**

Unser Thema heute ist: **„Geh positiv in die Zukunft!“** Und genau das ist der erste Schritt dazu: Erwarte Gutes! Der König David will diesem jungen Mann in unserem Bibeltext etwas Gutes tun. Denn er ist der Sohn seines verstorbenen besten Freundes Jonathan. Mefi-Boschet hingegen befürchtet das Schlimmste, weil er der einzige Nachkomme des letzten Königs ist. Darum malt er sich ein schreckliches Szenario aus. Du aber mache genau das Gegenteil. Erwarte Gutes für deine Zukunft! Denn Gott will, dass dein Leben mit Glauben, Freude, Hoffnung gefüllt wird. Gott will, dass du täglich dein Leben positiv lebst! Erwarte Gutes! Sicher, im Leben kann einiges dazwischen kommen.

Meine Frau und ich sind im Februar 2010 in Ägypten gewesen. Glücklich sind wir nach 10 Tagen wieder in Frankfurt gelandet. Wir holen die Koffer vom Laufband. Und dann wollen wir schnell mit dem Zug in die Schweiz. Aber denkste! Ein Sturmtief hat das Bahnhofsdach in Frankfurt halb einstürzen lassen und die Gleise blockiert. Es gibt keine Möglichkeit mehr, in die Schweiz zu kommen. Riesige Menschenmassen stehen ratlos herum. Genau wie wir. Da geht es uns wie diesem jungen Mann aus unserem Bibeltext. Und wir fragen uns: *Wie kann man da noch Gutes erwarten? Die Hotels füllen sich mit gestrandeten Reisenden, wo sollen wir denn unterkommen?*

Schliesslich fällt es mir blitzartig ein: Ein guter Freund wohnt nicht weit von Frankfurt. Seit Jahren haben wir uns nicht gesehen. Dutzende Mal habe ich ihm schon versprochen, ihn einmal zu besuchen...- Ich kürze es ab! Es wurde ein schöner Abend. Und frisch und munter sind wir dann am Morgen in die Schweiz gefahren. Siehst du: Auch wenn es mittendrin schlecht läuft: Erwarte Gutes! Vertrau darauf, dass der Herr auch dir Hilfe und gute Einfälle schickt. Und er TUT es!

Und nun das Zweite: Du kennst sicher die Geschichte vom Froschkönig. Aus dem Frosch ist ein Prinz geworden. Bei uns ist es oft umgekehrt. Wir werden durch den Glauben als Prinzen und Prinzessinnen geboren. Wir sind dazu bestimmt - schliesslich sind wir Gottes Kinder. Aber wir drohen zu Fröschen zu werden. Doch du bist keine kleine Kröte. Wenn du an Jesus Christus glaubst, bist du ein Kind Gottes, ein Verbündeter des Allmächtigen. Ein Mitglied seiner Gemeinde.

Damit du positiv in die Zukunft gehst, ist darum noch ein Zweites wichtig! **Verbessere dein Selbstbild!** Das ist das Zweite. Dieser junge Mann aus unserem Bibeltext hat es nicht einfach. Er hat Probleme mit dem Laufen. Und eine schwierige Familiengeschichte dazu. Das ist das eine. Aber sein Hauptproblem ist: Der junge Mann im Bibeltext denkt sehr negativ über sich. So geht das bis heute vielen. Bitte ergänze folgendes Sprichwort:

Bescheidenheit ist eine Zier,....(wie endet dieser Satz*?)... doch weiter kommt man ohne ihr.* Das denkt sich auch ein Mann aus Frankreich. In eine Zeitung setzt er folgende Anzeige:

Gescheiterte Existenz, viermal geschieden, zweimal Konkurs, arbeitslos, Plattfüsse, Säbelbeine, unsportlich und ohne Geld, möchte heiraten, möglichst Miss Europa oder Miss Frankreich, eventuell auch andere Schönheitskönigin, sofern der Vater Millionär ist. Zuschriften unter: "Bescheidenheit" an die Anzeigenverwaltung der Zeitung. Hättest du dich gemeldet? Stell dir vor: Es kommen tatsächlich 83 Zuschriften, darunter sechs mit beigelegtem Bankauszug. Du schmunzelst vielleicht über diesen nicht gerade bescheidenen Mann. Und trotzdem: Viele unter uns denken zu bescheiden von sich. Nur 10% von dem Selbstbewusstsein dieses Mannes täte jedem von uns gut! Denk daran: Du bist Jemand, weil Gott seine Zeit niemals damit verschwendet, einen Niemand zu schaffen. Wie kannst du dann schlecht von dir denken? Briefmarkensammler wissen es. Je seltener eine Marke ist, desto wertvoller ist sie. Und du denkst bitte ab heute daran, dass du einmalig und daher unbezahlbar wertvoll bist! Du bist einzigartig. Dich gibt es kein zweites Mal! Kleb dir eine Briefmarke an den Spiegel deines Badezimmers. Damit du jeden Tag daran denkst: Du bist einmalig und wertvoll!

Oder schreib dir einen Zettel mit VIP und trag ihn bei dir. Denn du bist eine very important person. Das heisst, du bist eine sehr wichtige Persönlichkeit. Woher weisst du das? Ist doch klar: Gott schickt dir seinen Sohn. Gottes Sohn öffnet dir das Tor zum Himmelreich. Du bist bei Gott ein absoluter VIP! Gott hat dir eine exklusive Hotline für dich geschaltet, damit du ihn im Gebet jederzeit erreichen kannst. So wichtig bist du ihm. Und darum: Verbessere dein Selbstbild! Falls dir negative Gedanken wie bei diesem jungen Mann kommen, sag: *Stopp, so nicht!* Übergib sie Gott. Und nutze die drei G! Glaube, Gottes Wort und das Gebet.

Unser Thema heute ist: **„Geh positiv in die Zukunft.“** Die ersten beiden Schritte sind: **Erwarte Gutes! Verbessere dein Selbstbild!** Und nun das Finale:

Sei bereit für Geschenke! Meine Grossmutter hat das einmal nicht getan. Meine Grossmutter ist ein junges Mädchen. Eine Bekannte hat ihr eine komplette Nähausstattung schenken wollen. Meine Grossmutter zierte sich. Und traute es sich nicht, dieses Geschenk anzunehmen. Obwohl sie schon als Jugendliche leidenschaftlich gern geschneidert hat. Das war auch ihr späterer Beruf. Immer wieder hat sie mir davon erzählt. Und sie hat gesagt: *Hätte ich doch nur dieses tolle Geschenk angenommen.* Das ging ihr noch Jahrzehnte nach. Wie ist das bei dir? Kann man dich beschenken? Überlege einmal, wo hast du in der letzten Zeit selbst dir Geschenke entgehen lassen: Nicht nur ein Handfestes, sondern auch ein Kompliment, ein Lob oder eine interessante Einladung. Nimm Geschenke an! Sei bereit für Geschenke! Eins muss man sagen: Der junge Mann ist am Ende doch bereit, sich von David beschenken zu lassen. Das kannst du erfahren, wenn du zu Hause die ganze Geschichte weiterliest. Sei auch bereit für das grösste aller Geschenke. Wenn du spürst, dass Gott durch diese Predigt zu dir spricht und in dein Leben kommen möchte: Greif zu! Sag *ja* zu ihm. Sei bereit für Geschenke! Das heisst auch: Sei bereit, Geschenke zu geben.

Eine Frau fragt ihren Mann: *Weisst du, was ich mir als Geschenk zum nächsten Geburtstag wünsche?* Und sie beantwortet gleichzeitig die Frage mit ... *ein schönes Geschenk für die Hände oder die Ohren oder den Hals.* Der Ehemann erwidert darauf: *Geht klar, welche Seife magst du denn am liebsten?* Nun: Nicht, dass du jeden Tag Juwelen schenken musst. Aber gläubige Menschen sind grundsätzlich grosszügig. Sie schenken gerne. So wie David hier. David hat selbst viel Gutes von Gott bekommen. Zum Beispiel die Freundschaft zu Jonathan. Der junge Mann in unserem Bibeltext ist ein Sohn von Jonathan. Und David will dieses Gute weitergeben. Frage dich wie David: Wem kann ich etwas Gutes tun? Sei bereit für Geschenke! Schenke einem hektisch wirkenden Verkäufer ein Lächeln. Gib der Coiffeuse nicht nur Trinkgeld, sondern auch ein persönliches Kompliment. Bedanke dich freundlich beim Busfahrer, wenn du aussteigst. Lass deine ausgelesene Zeitung oder dein Buch bewusst in der Eisenbahn für andere liegen.

Hat jemand von euch schon einmal Poker gespielt? Einige Menschen haben grundsätzlich ein Pokerface auf. Sie bluffen. Christen machen das anders. Sie verblüffen statt zu bluffen. Verblüffe in der kommenden Woche mindestens einen Menschen ohne Grund und Vorbedingung auf positive Weise. Überlege dir: Wo kannst Du grosszügig sein, wo es jemand nicht erwartet? In der Vergebung? Sonst wo? Du wirst es dann erleben: Wie viel Schönes auf dich zurückkommt. Unser Thema heute: **„Geh positiv in die Zukunft.“** Und so gelingt es dir: **Erwarte gutes! Verbessere dein Selbstbild! Sei bereit für Geschenke!** Amen.

„Woher bekomme ich neue Energie?“ 1. Buch Könige 19, 3-8.

Da fürchtete Elia sich, machte sich auf und lief um sein Leben und kam nach Beerscheba in Juda und liess seinen Diener dort. Er aber ging hin in die Wüste eine Tagesreise weit und kam und setzte sich unter einen Wacholder und wünschte sich zu sterben und sprach: Es ist genug, so nimm nun, HERR, meine Seele; ich bin nicht besser als meine Väter. Und er legte sich hin und schlief unter dem Wacholder. Und siehe, ein Engel rührte ihn an und sprach zu ihm: Steh auf und iss!

Und er sah sich um, und siehe, zu seinen Häupten lagen ein geröstetes Brot und ein Krug mit Wasser. Und als er gegessen und getrunken hatte, legte er sich wieder schlafen. Und der Engel des HERRN kam zum zweiten Mal wieder und rührte ihn an und sprach: Steh auf und iss! Denn du hast einen weiten Weg vor dir.

Und er stand auf und ass und trank und ging durch die Kraft der Speise vierzig Tage und vierzig Nächte bis zum Berg Gottes, dem Horeb.

Vor einigen Jahren bin ich in Naumburg gewesen. In dieser Stadt steht ein bedeutender Dom. Für den Besuch besorge ich mir dazu eine Extra-Filmerlaubnis. Interessiert betrete ich das Kirchengebäude. Doch nach 5 min ist plötzlich alles schwarz in der Kamera- Was ist passiert? Hält da ein Spassvogel seine Hand vor die Linse? Nein: Die Batterie ist leer! Das führt uns zum ersten Punkt bei unserem Thema: **„Woher bekomme ich neue Energie?“**Der erste Punkt ist nämlich:

Erkenne rechtzeitig deinen Energiebedarf! Das ist entscheidend. Auch hier im heutigen Bibeltext. Elias innere Batterien sind erschöpft. Elia kann nicht mehr. Und er will nicht mehr leben. Die Situation ist folgende: Der Prophet Elia hat sich vollkommen verausgabt in seinem Kampf gegen die Baalspriester. Und dazu kommt: Jetzt verfolgt ihn auch noch die Königin Isebel. An dieser Stelle setzt der heutige Bibeltext ein. Die entscheidende Frage ist: Wie kannst du das vermeiden, dass dir das so geht wie Elia? Eben dadurch: Erkenne rechtzeitig deinen Energiebedarf! Schau regelmässig auf deinen Energiepegel. Stell dir selbst regelmässig die Frage: *Wie geht es dir?* Versuche, ehrlich darauf zu antworten. Elia hat dazu keine Zeit. Er ist immer am Schaffen und Kämpfen. Lies einmal zu Hause die vorhergehenden Verse und Kapitel des Bibeltextes und dann sieh, wozu das alles führt: zum völligen Zusammenbruch.

Ich verrate ich euch etwas sehr Persönliches: Wisst ihr aus welchem Anlass ich zum ersten Mal in die Schweiz gekommen bin? Eben wegen eines solchen Zusammenbruches. Ich war mit meinen Nerven völlig am Ende. Darum hat mich ein Arzt mehrere Wochen krankgeschrieben. Und so ging ich zur Erholung ins Berner Oberland. Ich hätte mir das gerne auf eine andere Weise gewünscht, zum ersten Mal hierher zu kommen. Und darum gib auf dich Acht, dass Dir das nicht selbst passiert. Schau regelmässig auf deinen Energiepegel!

Ein weiterer Vorschlag: Bitte jemand anderes, dass er auf dich schaut. So jemanden hat Elia offensichtlich nicht. Sein Diener scheint wirklich nur ein Diener und keine echt nahestehende Person zu sein. Elia geht alleine weiter, er bricht alle Brücken zu seinen Mitmenschen ab. Das ist ein Fehler. Bitte darum jemanden, auf dich zu schauen. Frage diese Vertrauensperson: *Wie siehst du mich gerade? Empfindest du mich als gestresst? Bin ich verärgert? Verkrampft? Wie wirke ich derzeit auf dich?*

Aktiviere zudem dein Basiswissen. Stelle dir eine Fussballmannschaft vor. Es war das schlechteste Spiel, das sie je gespielt hatten. Sie hatten eine beschämende Niederlage erlitten. Als sie in die Umkleidekabine kommen, erwartet der Trainer sie schon. Er hält einen Fussball in der Hand. Dann sagt er: *Ihr braucht mehr Training. Training von Grund auf. Und ich will gleich damit beginnen. Zu Anfang: Das hier ist ein Fussball. Und der muss in das Tor. Das Runde muss ins Eckige.*

Auch glaubenserfahrene Menschen vergessen dieses Basiswissen. Komme auch du immer wieder zu den Grundlagen! Schau, was ich hier in der Hand halte. Das ist eine Bibel. Nimm sie her für deine stille Zeit für Gott. Oder denk an das Gebet! Offensichtlich hat der glaubenserfahrene Elia keine Zeit zum Gebet. Er muss erst zusammenbrechen, um das wieder neu zu begreifen: In der Abgeschiedenheit der Wüste wendet er sich endlich an Gott.

Und denk daran: Über Elia hinaus hast du Vitamin! « C » ! Du hast Christus. Gerade Jesus Christus ist Vitamin « C » für deine Seele. Er gibt dir neue Kraft. Er schenkt dir neuen Mut. Denke daran, wie er durch sein Kreuz dir deine Lasten abnimmt.

Merke es dir: Die Hinwendung an den Herrn baut Elia wieder auf. Und Gott ist auch deine entscheidende Energiequelle.

Das führt zum zweiten Punkt: **Entdecke Gottes Energiequellen!**

Elia schläft erschöpft ein. Und dann rührt ihn ein Engel, ein Bote Gottes an. Frage dich selbst immer wieder: Welche Boten schickt dir Gott? Ich erinnere mich gut daran: Vor über 20 Jahren mache ich mit meiner Frau eine Frankreichrundreise. Unterwegs werde ich von einem UFI (keinem UFO), einem unbekannten Flieginsekt gestochen. Die Folge: Meine Hand schwillt immer mehr auf. Am Ende habe ich eine Hand, fast so fleischig und gross wie die vom Glöckner von Notre -Dame. Es hat nur noch der Buckel gefehlt. Wir sind mittlerweile in Bordeaux angelangt. Ich muss dringend zu einem Arzt. Aus unseren Unterlagen von der deutschen Krankenkasse geht hervor, dass wir uns vor dem Arztbesuch bei einer französischen Partnerkrankenkasse zu melden haben. Wir sprechen damals so gut wie kein Wort Französisch. Wir sind darum an einer völlig falschen Stelle gelandet und wissen nicht mehr weiter. Mir selbst sinkt der Mut. Kraftlos sitze ich in einer Ecke. Da spricht uns Mann an. Haltet euch fest. Ein ehemaliger französischer Kriegsgefangener, der in einem Lager in Deutschland inhaftiert war. Und gerade dieser Mann erklärt uns auf Deutsch sehr ausführlich und freundlich, ja herzlich, wo wir hin müssen. Erleichtert machen wir uns sofort auf den Weg. Und seht: Meine Hand ist bis heute wie neu. Darum: Mache auch du die Augen auf. Schau, welche Personen Gott dir über den Weg schickt.

Und dann gibt Gott dem Elia noch andere hilfreiche Dinge: Einfache Lebensmittel, wie Wasser und Brot. Gott zeigt sich Elia in einfachen Dingen.
Ich muss an einen Mann denken. Der Mann treibt tagelang auf dem offenen Meer. Er ist mit seinem kleinen Segelboot in Seenot geraten. Seine Eingeweide lassen ihn schmerzhaft spüren, dass er schon tagelang nichts gegessen hat. Und da passiert es: Plötzlich landet eine grosse Heuschrecke auf seinem Arm. Er fängt sie. Er isst sie auf der Stelle. Dieses kleine Ereignis stillt nicht nur ein wenig sein Hungergefühl. Es bringt auch seine Energie und seinen Lebensmut zurück. Er kann weiter durchhalten. Und er wird schliesslich gerettet. Nach seiner Rettung erfährt er, dass er 100e km vom Ufer entfernt gewesen ist: Ein solches Insekt hätte es im offenen Meer gar nicht geben dürfen. Der Mann sieht das als Geschenk. Als ein Zeichen von Gott, das ihm Mut gemacht hat. Und er hat zugegriffen. So wie Elia.

Und welche Zeichen zur Aufmunterung schickt dir Gott? Öffne alle deine Sinne, sei bereit. Du schaltest zB das Radio ein und hörst ein Lied. Und das spornt dich neu an. Oder jemand sagt dir genau das Wort, was du im Augenblick brauchst. Oder einer schickt dir einen aufbauenden Brief. Alles das können Zeichen sein, die Gott dir schickt. Interessant ist auch: Gott hilft dem Elia in mehreren Schritten. Gott lässt so schnell nicht locker. Lass auch dich nicht entmutigen, wenn die Kraft beim ersten Mal nicht reicht. Gott bleibt beharrlich. Er bietet sich auch dir immer wieder an. Wichtig ist vor allem: Greif selbst so zu wie Elia, nimm die Hilfe an.

Und frage dich bitte auch umgekehrt: Wo beauftragt Gott dich selbst ein Bote, ein Energiespender in seinem Namen zu sein? Umarmungen stärken nachweislich unser Immunsystem. Wie viele Menschen hast du heute schon umarmt? Weisst du das: Du bist für die anderen Medizin, auch wenn du für jemand Zeit hast. Jemand anhörst. Einen Ängstlichen ermutigst. Einen Traurigen tröstest. Für jemanden betest. Und niemanden aufgibst. Wo immer dies geschieht, da bist auch du ein Gottesbote für deine Umgebung! Was so einfache Sachen alles bewirken können. Allein schon deine Worte! Ja sogar selbst dann, wenn sie ursprünglich jemand anderem gegolten haben.

Neulich höre ich eine wahre Geschichte, die ein Lehrer erzählt hat: Zu seinen Schülern zählen zwei Jugendliche, beide tragen den gleichen Vornamen. Das kann vorkommen. Doch der eine ist ein Musterschüler: ein fleissiger, allzeit beliebter Schüler. Der andere ist faul, aggressiv, unmotiviert. Während eines Elternabends kommt die Mutter des schlechten Schülers auf den Lehrer zu: *Wie macht sich mein Sohn in der Schule?* Der Lehrer verwechselt in diesen Moment den schlechten Schüler mit seinem Musterschüler. Der Lehrer sagt: *Der Junge sei ein ausgezeichneter, fleissiger, allzeit beliebter Schüler.* Und überzeugt ergänzt der Lehrer: *Ihr Sohn wird es im Leben noch weit bringen.* -Am Morgen kommt sein Sorgenschüler ans Lehrerpult. *Was sie gestern zu meiner Mutter gesagt haben, hat mich so gefreut. Ich verspreche ihnen, dass ich ab jetzt alles tun werde, damit das wahr wird, was sie über mich gesagt haben.* Am Ende des Halbjahres hat er sich zum Klassendurchschnitt vorgearbeitet. Am Jahresende ist er einer der Besten seines Jahrganges. Du siehst, was sogar ein fehlgeleitetes Wort ausrichten kann. Und was können dann erst deine, an die richtige Adresse gerichteten bestärkenden Worte alles Gute bei anderen bewirken!

Erkenne deinen Energiebedarf! Entdecke Gottes Energiequellen! Und jetzt das Dritte: **Nutze aktiv Gottes Energie!** Das heisst: Geh von Gott motiviert in den Tag! Elia ist ein Beispiel dafür. Elia nutzt wirklich die Energie, die Gott ihm gibt. Sein weiter Marsch zum Berg Horeb spricht Bände über seine neue Motivation.

Und auch du: Schon am Morgen geh positiv mit Gottes Energie in den Tag. Sag: *Danke, Herr, mit dir schaffe ich es. Mit dir mache ich mich heute auf den Weg. Keine Angst oder Sorgen werden mich blockieren.*

Nutze aktiv Gottes Energie! Das heisst: Handle wie Elia sofort! Kennt ihr die 72 - Stunden-Regel? Sie besagt: Wenn man sich etwas vornimmt, muss man innerhalb von 72 Stunden den ersten Schritt dazu tun. Denn sonst ist die Chance gegen Null, dass man das Vorhaben überhaupt ausführt. Frage dich selbst regelmässig: Wo solltest du entschlossen aufbrechen in deinem Leben. Wo schiebst du Dinge schon lange vor dich her?

Wenn du dir also etwas vornimmst, dann fixiere es am besten schriftlich. Danach mache den ersten Schritt in den folgenden drei Tagen. Nutze aktiv Gottes Energie! Das heisst: Lass dich wie Elia nicht aufhalten! Vierzig Tage wandert er ununterbrochen. Lass auch du dich nicht aufhalten. Weder von deinen eigenen Einwänden noch von anderen. Wenn Gott dir einen Auftrag gibt oder ein Talent in dir aktiviert, dann pack es an.

Sei offen dafür: Wo, wie und zu was will Gott dich in Bewegung setzen? Und dann lass dich wie Elia nicht aufhalten!

Unser Thema heute war: **„Woher bekomme ich neue Energie?"** Drei hilfreiche Schritte dafür sind: **Erkenne rechtzeitig deinen Energiebedarf! Entdecke Gottes Energiequellen! Nutze aktiv Gottes Energie!** Amen.

„Unter Gottes Führung.“ Psalm 25, 4-15.

HERR, zeige mir deine Wege und lehre mich deine Steige! Leite mich in deiner Wahrheit und lehre mich! Denn du bist der Gott, der mir hilft; täglich harre ich auf dich. Gedenke, HERR, an deine Barmherzigkeit und an deine Güte, die von Ewigkeit her gewesen sind. Gedenke nicht der Sünden meiner Jugend und meiner Übertretungen, gedenke aber meiner nach deiner Barmherzigkeit, HERR, um deiner Güte willen!

Der HERR ist gut und gerecht; darum weist er Sündern den Weg. Er leitet die Elenden recht und lehrt die Elenden seinen Weg. Die Wege des HERRN sind lauter Güte und Treue für alle, die seinen Bund und seine Gebote halten. Um deines Namens willen, HERR, vergib mir meine Schuld, die so gross ist! Wer ist der Mann, der den HERRN fürchtet? Er wird ihm den Weg weisen, den er wählen soll. Er wird im Guten wohnen, und sein Geschlecht wird das Land besitzen. Der HERR ist denen Freund, die ihn fürchten; und seinen Bund lässt er sie wissen. Meine Augen sehen stets auf den HERRN; denn er wird meinen Fuss aus dem Netze ziehen.

Es ist schon einige Jahre her, da bin mit Freunden in Holland unterwegs. Wir haben uns ein grosses Motorboot gemietet. Und da hat es mich in den Fingern gejuckt. Ich sage meinem Freund, einem erfahrenen Bootsfahrer: *Lass mich doch auch mal das Steuer übernehmen!* Gesagt, getan. Aber ich sage euch: Ich komme da ganz schön ins Schwitzen. Ein Durchschnittsmensch produziert in seinem Leben etwa 14.000 Liter Schweiss. Ich habe sicherlich einen Grossteil meines Vorrats vorzeitig abgegeben. Denn so ein Boot reagiert ganz anders als ein Auto. Die Steuerung funktioniert mit ziemlicher Zeitverzögerung. Und von wegen Bremsen, die gibt's da gar nicht. Wie bremst ein Boot? ...durch Rückwärtsfahren! Und am Ende ich bin wirklich froh, dass mein Freund als Steuermann das Boot wieder übernimmt. Durch diese Erfahrung bin ich einmal mehr der Meinung: Nur Fachleute sollen ans Steuer. Das gilt fürs Bootsfahren, wie fürs ganze Leben.

Und darum: Mache es wie David: **Überlasse Gott das Steuer deines Lebens!**

David sagt: *Herr, zeige mir deine Wege!*

Egal, wie lange du schon Christ bist. Mache das wie David, der selbst als erfahrener Glaubensmann bewusst täglich neu auf Gott baut. Fasse das jeden Morgen neu in Worte. Sage Gott: *Heute habe ich das vor. Führe mich da durch.*

Mache zudem regelmässig einen persönlichen Rückblick mit folgenden Fragen:

Wo ist es dir in letzter Zeit gelungen, dich Gottes Führung anzuvertrauen?

Wo warst du da anderen gegenüber Vorbild? Wo ist es bei dir ausbaufähig? Überlasse auch dann Gott das Steuer, wenn du im Moment keinen Sinn in einer Situation siehst.

Ein Beispiel: In einem Bergdorf mache ich einen Geburtstagsbesuch. Das Gespräch mit der Jubilarin und ihrem Mann läuft in einer freundlichen Atmosphäre ab, aber es bleibt eher an der Oberfläche. Ich verabschiede mich nach einer halben Stunde. Ich setze mich in mein Auto. Rate mal, was dann passiert ist: Mein Motor springt nicht an. Ich versuche es immer wieder. Der angerufene Abschleppdienst hat Mittagspause und kann vor einer Stunde nicht zu mir kommen. Was kann ich in der Zwischenzeit tun? Ich gehe wieder in das Haus des Ehepaares und wir unterhalten uns, bis der Abschleppdienst kommt. Aber diese zusätzliche Stunde hat es in sich: Wir kommen auf den Glauben, die Bibel, auf Jesus Christus zu sprechen. Und das Ganze so intensiv und tiefgehend, dass wir drei uns alle am Ende als beschenkt sehen. Dass wir dankbar sind, diese zusätzliche Gesprächszeit bekommen zu haben. Am Ende sagen meine Gastgeber zu mir: *Jetzt wissen wir, für was es gut ist, dass Ihr Auto nicht anspringt.* Und übrigens mein Auto: Das Tollste kommt noch. Zwei Minuten bevor der Pannendienst da ist, setze ich mich in meinen Wagen - und was passiert: Er springt sofort an. Der wenig später eintreffende Pannendienstmann findet nichts. Ich fahre ohne Probleme nach Hause. Ist das Zufall? Für mich ist das ein Beispiel, dass es sich lohnt, sich Gottes Führung anzuvertrauen! Und Gott führt auch dich überraschende Wege. Er öffnet dir dabei ganz neue Türen. Und deswegen: Gib auch du in deinem derzeitigen Problem nicht auf. Was auch immer dich zurzeit herausfordert. Wo auch immer du zu kämpfen hast. Wo Ungewissheit dich fertigmacht, deine Schmerzen oder andere Menschen: **Überlasse Gott weiterhin das Steuer deines Lebens!** Und jetzt das Zweite: **Wirf unnützen Ballast ab!**

Da sagt die Sekretärin zum Direktor: *Unser Aktenschrank platzt aus allen Nähten. Wir sollten daher die alten Akten endlich vernichten.* Darauf der Direktor: *Ja, sicher, aber lassen Sie uns vorher von allem noch Fotokopien anfertigen.* Darüber kannst du jetzt schmunzeln. Und doch: Viele kleben an den negativen inneren Akten der Vergangenheit. Ich sehe hier im Ansatz auch eine gewisse Gefahr bei David. Er ist ein gläubiger Mensch. Er weiss doch, von Gott vergeben, ist vergeben! David weiss: Wenn du etwas ernsthaft bereut und vor Gott gebracht hast, dann ist es gut. Trotzdem spricht David hier von Jugendsünden, die ihn weiterhin verfolgen. Mir begegnen immer wieder solche erfahrene Gläubige wie David. Die schleppen sich mit schon längst vergebenen Sachen jahrzehntelang ab. Sie wissen es aus dem Kindergottesdienst, aus der Schule, aus dem Unterricht, aus dem Gottesdienst, aus der Bibel:

Bei Gott kannst du dein Leben bereinigen. Aber sie halten trotzdem ihren Lebensballast fest. Und sie quälen sich damit ab. Mache das anders: Lass die Vergangenheit vergangen sein! Was hinter dir liegt, ist vorbei. Was du mit Gott geklärt hast, ist in Ordnung. Denn das ist doch dein grosses Vorrecht, wenn du unter Gottes Führung stehst. Weg mit dem alten belastenden Zeug! Zum Glück bekommt David dann im Psalm noch die richtige Einstellung. In jedem Fall: Wirf deinen unnützen Ballast ab!

Jemand erzählte mir, dass er seine quälenden Gedanken aufschreibt, damit einen Stein umwickelt und das Ganze in einen Fluss oder tiefen See wirft. Andere schreiben sich selbst einen Brief, in dem sie ihre schwierige Vergangenheit notieren. Dann verbrennen sie diesen Brief.

Das sind Möglichkeiten, sich auch noch symbolisch von Bedrückendem freizumachen. Entscheidend ist und bleibt aber, dass du deine Vergangenheit Jesus Christus übergibst. Und dann lasse die Vergangenheit auch wirklich vergangen sein. Wirf unnützen Ballast ab! Das Ballastabwerfen gilt auch für die Gegenwart: David fühlt sich in seinen aktuellen Sorgen gefangen, wie in einem Netz. Aus welchen Netzen hast du selbst derzeit Befreiung nötig?

Dazu ein Vorschlag: Nimm dir einmal in einer stillen Stunde ein Blatt Papier. Male einen Kreis und schreibe das Wort gefangen hinein. Dann mache Pfeile von diesem Kreis ab. Frage dich dann, wo bist du gefangen? In Ärger, in mangelndem Selbstvertrauen, in negativer Gewohnheit, in Abneigung gegenüber einem bestimmten Menschen? Wo bist du blockiert, um bestimmte Zusammenhänge in deinem Leben zu sehen? Mit welchem Gebot hast du Probleme? Und dann bete gezielt darüber. Mache es wie David. David konzentriert sich nicht auf die Füsse, die feststecken, nicht auf das Netz, nicht auf das Problem. David richtet seine Aufmerksamkeit vielmehr auf die Lösung. David schaut Gott, der ihn befreien wird. Er sagt: *Meine Augen sehen stets auf den HERRN.* Das tue ganz genauso. Unser Thema ist **„Unter Gottes Führung“.**

Wir haben bis jetzt gehört: **1.Überlasse Gott das Steuer deines Lebens! 2. Wirf unnützen Ballast ab!** Und nun noch das Dritte: Wenn du unter Gottes Führung stehst: **Erwarte etwas von Gott!** Erwarte das Beste von Gott. Denn wer unter Gottes Führung steht, wird nach David im Guten wohnen. -Hinter diesem Vers kann man das Bild von einem Gastwirt sehen. Einem Gastwirt, von dem du beste Bewirtung erwarten darfst. Habt ihr das auch festgestellt? Es gibt im Grunde zwei Sorten von Gastwirten. Solche, die die Gläser knapp unter den Markierungsstrich füllen. Das sind die Knauser. Und da sind solche, bei denen der Pegel darüber liegt. Das sind die Grosszügigen.

Gott selbst schenkt nicht nur knapp über den Strich ein. In einem anderen Psalm, Psalm 23, steht: *Du schenkst mir voll ein.* Ich denke daran: Einmal hatten wir eine Ferienwohnung in Rom gebucht. Mehrfach vorher kommt die Meldung: Leider können wir die Wohnung doch nicht bekommen. Immer wieder werden wir vertröstet. Das zehrt ganz schön an den Nerven. Besonders dann, wenn du schon im Voraus bezahlt hast. Am Ende erhalten wir eine doppelt so grosse Wohnung, viel zentraler gelegen - zum gleichen Preis wie die ursprüngliche. Für mich ist das ein Beispiel, wie Gott sich um seine Leute bestens kümmert.

Erwarte, etwas von Gott! Lass dich darum auch nicht vorschnell von Stimmungen mitreissen. Bevor du in Panik ausbrichst, warte ab, was Gott am Ende für dich vorgesehen hat! Sammle ab heute alle deine Sorgen, die sich nicht erfüllt haben. Für jede nicht eingetretene Sorgen mache einen Strich. Wenn du einen Gartenzaun von fünf Strichen beisammen hast, lade jemand zum Kaffee ein. So haben deine Sorgen wenigstens noch einen guten Zweck erfüllt. Noch besser aber ist es, Gott direkt alle Sorgen zu übergeben. Denn Gott hat weit grössere Übersicht als je ein Mensch es haben kann. Und du darfst ihn als deinen Freund sehen. Das steht hier im Text! So eine Verbindung hast du, von Gottes Bund darfst du profitieren. David sagt hier entgegen allen seinen eigenen Zweifeln: *Du bist der Gott, der mir hilft.*

Ein Vorschlag: Halte doch ab heute deinen eigenen Problemen immer wieder eben diesen Satz entgegen: *Du bist der Gott, der mir hilft.* Du hast zB Angst, in den Tag zu gehen. Dann sage dir laut diesen Satz: *Du bist der Gott, der mir hilft.* Du hast ein unangenehmes Gespräch, aber du weisst:

Du bist der Gott, der mir hilft. Du musst dich wiederholt unter das Messer des Arztes begeben, aber dein entscheidender Gedanke ist: *Du bist der Gott, der mir hilft.* Solche Sätze wie diese schreibe dir auf, lerne sie auswendig. Klebe sie hin, wo du oft draufschaust. Aufs Telefonbuch. Auf deinen Kühlschrank. Schick dieses Wort am Abend dir selbst als E-Mail, oder lege es neben deine Zahnbürste, damit du es am Morgen gleich liest. Damit du immer wieder daran erinnert wirst: *Du bist der Gott, der mir hilft.*

Erwarte, etwas von Gott! Mit David erwarte, dass Gott bei dir sogar unmögliches möglich machen kann. David ist oft in unmöglichen Situationen gewesen (aus eigener Schuld oder aus Ratlosigkeit oder wegen seiner Feinde). Und doch hat David gewusst, Gott hat einen Weg für ihn.

Tony Melendez wurde 1962 in Nicaragua ohne Arme geboren. Die Verwandten fragen sich: Was soll nur aus diesem hilflosen Jungen werden? Doch von Gott hat Tony eine besondere Gabe mitbekommen. Er spielt genial Gitarre - und das mit seinen Zehen. In den letzten Jahren gab er Konzerte in 27 Ländern. Er bekommt zahlreiche Preise. Seine Lieder sind dabei ein Bekenntnis zu Gottes Führung. Nach einem Konzert ruft er den Menschen zu: *Wenn Gott mich eine Gitarre mit den Füssen spielen lassen kann, was kann er dann alles noch in eurem Leben möglich machen?* Und darum: Erwarte etwas von deinem Gott! Erwarte wie David viel von Gott, denn Gott gibt wirklich auch viel! Gottes Geist will dich reich beschenken. Teresa von Avila, eine starke Beterin des Mittelalters, sagt: Bitten an Gott sind wie Komplimente. Je mehr du bittest und erwartest, ein umso grösseres Kompliment machst du Gott damit! Also: Wo bleiben in diesem Sinne deine Komplimente gegenüber unserem Gott? Wichtig ist eines: Dass du in allem sagst: Herr, dein Wille geschehe!

Unser Thema ist heute: „**Unter Gottes Führung.**“ Wir haben gehört: Sich Gottes Führung anvertrauen lohnt sich.

Darum: **1. Überlasse in jeder Situation Gott die Führung deines Leben. 2. Lass los und wirf unnützen Ballast ab! 3. Erwarte etwas von Gott!** Mit genau dieser Einstellung gehe in diesen Tag. Amen.

„Drei Dinge, die dein Leben leichter machen.“ Psalm 33,1-4

Ein Loblied auf Gottes Allmacht und Hilfe. Freuet euch des HERRN, ihr Gerechten; die Frommen sollen ihn recht preisen. Danket dem HERRN mit Harfen; lobsinget ihm zum Psalter von zehn Saiten! Singet ihm ein neues Lied; spielt schön auf den Saiten mit fröhlichem Schall! Denn des HERRN Wort ist wahrhaftig, und was er zusagt, das hält er gewiss.

Unser Thema ist heute: **„Drei Dinge, die dein Leben leichter machen.“** Und da kommt schon das Erste. Unser Bibeltext sagt: **Sei dankbar!** Kennt ihr das: Medikamente mit extrem langen Beipackzetteln? Ich habe euch einen solchen Zettel mitgebracht: Er ist einen halben Meter lang! Bis du den durchliest, ist deine Erkältung vielleicht schon wieder vorbei. Und dann die vielen Nebenwirkungen, die da aufgezählt werden!

-Dankbarsein dagegen hat viele gute Nebenwirkungen!

-Dankbarsein befreit von schlechter Laune.

-Dankbarsein setzt enorme Energien frei.

-Dankbarsein befreit von Unzufriedenheit.

-Dankbarsein befreit dich vom Sumpf des Selbstmitleids.

-Ja, Dankbarsein macht dich anziehend und sympathisch. Das ist die beste Gesichtsliftung! Das übertrifft jede Schönheitsoperation! Dankbarkeit hat so viele gute Auswirkungen, dass dieser lange Zettel gar nicht ausreicht, um alles darauf festzuhalten. Unsere Gedanken und Worte sollen darum nur so vom Dankbarsein erfüllt sein. Sei dankbar! Überlege dir ständig: Wie kannst du deine Dankbarkeit zeigen? Zum Beispiel durch weniger kritisieren. Wenn du willst, findest du immer etwas, um dich zu beschweren. Du mache das anders. Überlege dir bei jeder Kritik: Ist sie wirklich angemessen? Einmal bin ich auf einer Ägyptenfahrt. Da gibt es auf dem Nilschiff ein riesiges tolles Buffet. Tatsächlich beschwert sich ein Feriengast über das Essen. Du aber hör auf mit den alten immer gleichen Jammerliedern. Sing dem Herrn ein neues Lied, ein Lied deiner Dankbarkeit!

Unser Bibeltext sagt: *Auf zehn Saiten dürfen wir Gott loben.* Also vielfältig! Zum Beispiel durch folgende Übung: Du konzentrierst dich dabei auf drei Bereiche: Kopf-Herz-Fuss! KOPF: Danke Gott für geistige Dinge (für seinen Sohn Jesus Christus, deinen Glauben, Gottes aufbauende Worte). HERZ: Danke Gott für alle Menschen, die dir am Herzen liegen und die Gott in dein Leben gestellt hat (Familie, Freunde). Mir ist es gerade in der letzten Woche bewusst geworden, wie schnell man einen solchen Menschen verlieren kann.

Und ich denke die letzten Tage: Hätte ich doch ihm und für ihn mehr gedankt. FUSS: Das steht für alles materielle (Wohnung, Essen, usw. Vergiss zudem nicht die Schöpfung! Gottes Schöpfung wird hier im Psalm ausdrücklich gepriesen!) Geh dein Leben durch! Schreibe noch heute dein persönliches Dankgebet. Lege dazu auch Bilder von Menschen und besonderen Ereignissen in die Bibel. Ein Bild von einem überstandenen Unfall liegt zB in meiner eigenen Bibel. Lies dir unseren Psalm die ganze Woche lang einmal täglich laut durch.

Und nun das Zweite! Habt ihr schon einmal von Vanuatu gehört? Das ist ein kleiner Staat im Südpazifik (bei Australien). Es existieren dort keine nennenswerten Bodenschätze. Dieses Land ist auf Platz 207 von 233 Ländern in der Reichtumsliste. Doch die Bewohner gelten als die glücklichsten Menschen der Welt. Denn sie machen ihre Freude zum Markenzeichen, sie strahlen diese anderen entgegen. Die Einwohner sind zu 83% Christen. Und wir Christen hier in Europa haben doch auch und erst recht allen Grund, glücklich und fröhlich zu sein! Das Zweite ist darum: **Sei fröhlich!**

Unser Bibeltext fordert dich zweimal zur Freude auf! Schöpfe aus deiner Freude! Zeige deine Freude! Lebe deine Freude! Sei fröhlich! Gib bewusst frohe Nachrichten weiter! Ich will ein eigenes Beispiel aus der letzten Zeit nennen. Ich spreche mit einer Krankenschwester. Sie erzählt mit grosser Freude davon, wie sehr sie ihren Beruf schätzt. Wie sie ihre Tätigkeit erfüllt. Strahle auch du dein Christsein aus! Wo auch immer du kannst, gib auch du positive Nachrichten weiter!

Sei fröhlich: Meide Freudenbremsen! Eine Freudenbremse ist das Kompliziertsein. Auf einer Skala von 1-10: Wie kompliziert bist du? Stell dir vor: Der britische Verkehrsminister will England europäisieren. Er will den Rechtsverkehr einführen. Allerdings ist er sich noch nicht ganz sicher, ob das wirklich eine so gute Idee ist, und deshalb gibt es zunächst einmal eine Übergangsregelung: In den ersten vier Wochen fahren nur die Busse rechts. Du lachst vielleicht über dieses Beispiel. Und doch machen es auch viele unter uns zu kompliziert.

Meine Schwiegermutter hat mal jemanden zu Gast. Beim Mittagessen jammert er ständig. Er sagt: *Ach, dass ich doch nur keine Sossenflecken auf die schöne weisse Tischdecke mache.* -Weil sich das ständig wiederholt, macht meine Schwiegermutter folgendes. Sie nimmt den Sossenlöffel taucht ihn ein und macht absichtlich einen Flecken auf das weisse Tischtuch. Der komplizierte Gast hört darauf sofort auf zu jammern. Die Freudenbremse ist gelöst. Auf Platz eins der Freudenbremsen ist der Satz: *Früher war alles besser.* -Das denkt man dann ständig. Und dann trauert man den alten Zeiten nach.

Neulich finde ich dazu eine Anweisung zum Wäschewaschen aus dem Jahr 1916. Da heisst es: *1. Zum Waschen mache im Hof ein tüchtiges Feuer, mit dem du einen Kessel Regenwasser erhitzt. 2. Stelle die Waschwanne so auf, dass der Wind nicht den Rauch in deine Augen bläst. 3. Reibe ein grosses Stück Kernseife in das kochende Wasser hinein. 4. Sortiere die Wäsche in drei Haufen: weisse Wäsche, Buntwäsche und Arbeitskleidung und Lumpen. 5. Schmutzflecken kräftig auf dem Waschbrett reiben. Dann kochen. 6. Hole die fertige Wäsche mit dem Besenstiel aus dem Kessel; dann spülen und stärken.* -Soweit diese Anweisungen zum Wäschewaschen vor 95 Jahren. Hallo, Hausfrau, hallo, Hausmann! Ich frage dich als Experten: War das früher wirklich besser? Will nur irgendeiner von uns so wieder seine Wäsche waschen? Wer wünscht sich denn wirklich in die sogenannte „gute alte Zeit“ zurück, die Zeit der Leibeigenen, der Analphabeten und Hungerjahre? Ist sie wirklich so gut? Freue dich darum, dass du im Hier und Heute lebst? Und darum: Weg mit allen Freudenbremsen! **Sei dankbar! Sei fröhlich!**

Und nun das Dritte: **Habe Vertrauen!** Bei einer Bootsfahrt von einer Insel zur anderen, ergibt sich folgendes Gespräch zwischen einem Matrosen und einem Feriengast. *Sie machen so ein bekümmertes Gesicht!* redet ein Fahrgast den Matrosen an. -*Ja, das Saisonende steht vor der Tür und was wird dann sein? Ich bin den ganzen Tag voll Sorge.* – Darauf der Feriengast: *Das sollten Sie nicht sein; denn Jesus sagt: „Sorget nicht!"* Darauf der Seemann: *Das verstehe ich nicht. Soll ich mich auf die faule Haut legen und es darauf ankommen lassen, ob Gott meine Familie und mich durchbringt? - He! ruft da plötzlich laut der Gast, wir fahren eben durch die Klippen und Sie schauen sich nicht einmal um!? Tun Sie etwas!- Ach,* beruhigt ihn der Matrose, *das ist Sache des Steuermanns. Jeder tut hier das Seine. Der Steuermann steuert und ich habe meine eigenen Aufgaben. - Sehen Sie*, erwidert der Fahrgast, *so ist das auch bei Gott: Das Arbeiten ist Ihre Sache. Die Sorge aber, dass Sie durchkommen, überlassen Sie dem, der am Steuer sitzt: Gott, dem Herrn.* -Das ist die rechte Einstellung! Und darum: Habe Vertrauen!

Der ganze Psalm ist überschrieben mit: Ein Loblied auf Gottes Allmacht und Hilfe. Der Beter dieses Psalms weiss sich umgeben von Gottes Schutz. Und im Psalm heisst es...*des HERRN Wort ist wahrhaftig, und was er zusagt, das hält er gewiss.* Daran halte dich! Habe Vertrauen! Berufe dich auf sein Wort! Und sprich mit Gott einfach und natürlich, und erzähle ihm alles, was du auf dem Herzen hast. Du brauchst keine Formeln und schwierigen Wörter zu benutzen. Sprich zu ihm in deinen eigenen Worten. Er versteht sie. Die einfachste Anweisung lautet: Rede mit Gott so, als ob er hier auf der Bank vor dir sitzt und dich fragt: *Was willst du, dass ich dir tun soll?* Sprich mit deinem Gott, wenn du bei deiner täglichen Arbeit bist. Mache dazu deine Augen ein paar Sekunden lang zu, wo immer du bist, im Geschäft, am Schreibtisch, bei deiner Hausarbeit, im Bus (natürlich nicht, wenn du den Bus selbst fährst). Lege beim Beten einfach alles in Gottes Hand. Bitte um Kraft, dein Bestes tun zu können, und überlasse das Übrige vertrauensvoll Gott.

Eine Frage zum Abschluss: Wie heissen die drei besten Ärzte der Welt? Ich sage es dir: **Dr. Dankbar. Dr. Fröhlich und Dr. Gottvertrauen.** Lass diese drei deine persönlichen Leibärzte sein. **Sei dankbar, sei fröhlich, habe Vertrauen!** Amen.

„Nutze deine Probleme!“ Psalm 68, 20.

Gelobt sei der Herr täglich. Gott legt uns eine Last auf, aber er hilft uns auch.-

Stell dir vor, du bist ein Gewichtheber. Du bereitest dich auf einen Wettkampf vor. Wie machst du das am besten? Indem du allen Lasten ausweichst? Indem du deine Muskeln schonst? Im Gegenteil! Indem du die Lasten positiv aufnimmst, um durch sie weiterzukommen.

Und darum der erste Punkt: **Versuche Positives an deinen Problemen zu sehen!** David sagt es: *Gelobt sei der Herr täglich. Gott legt uns eine Last auf.* -Ich will keineswegs über deine Lasten und Leiden hinwegreden. Ich weiss auch nicht, was für ein Problem du hast. Ob es eine Sorge ist, eine Krankheit, eine finanzielle Sache oder eine Aufgabe erscheint dir zu gross oder sonst was. Und doch, versuche zumindest ansatzweise deine Probleme einmal von einer anderen Seite zu betrachten. Versuche Positives an deinen Problemen zu sehen. Sie können dich anderen Menschen näher bringen.

Kennst du das Diemtigtal? Es liegt im Berner Oberland. Im Jahr 2005 ist es gewesen. Da hat es dort eine schreckliche Überschwemmung gegeben. 80 Häuser wurden damals vernichtet. Die Hauptstrasse wurde weggebrochen, die Schule zerstört, der Bahnhof verwüstet. Für den Tourismus war es ein schwerer Schlag, denn es war Hochsaison. Zahlreiche Menschen haben so vieles verloren. Der dortige Pfarrer hat mir das erzählt. Aber das gab es dann damals auch: Es rollt nach der Überschwemmungswelle eine andere Welle an: Eine Welle der gegenseitigen Hilfsbereitschaft. Die Dorfgemeinschaft und die Kirche stehen zusammen fester denn je. Ja, die Gemeinschaft der Menschen wird durch die gemeinsam gemeisterten und überstandenen Probleme gestärkt im Inneren wie im Äusseren, bis zum heutigen Tag, noch nach mehreren Jahren ist das zu spüren. Alte Feindschaften wurden durch diese Katastrophe begraben, neue Freundschaften wurden geschlossen! Das ist positiv und es zeigt: Deine Probleme können dich tatsächlich anderen Menschen näher bringen.

Überlege einmal: Mit wem könnte Gott dich durch deine aktuellen Schwierigkeiten neu oder wieder zusammenbringen? Gibt es da jemanden? Auf wen solltest du gerade jetzt zugehen? Mit wem beschäftigen? Was solltest du in deinem Leben endlich regeln? Solltest du jemanden anrufen oder schreiben, jemanden besuchen, dich mit ihm aussprechen?

Oder, was ganz anderes: Vielleicht will Gott dich mit jemanden zusammentun, der ein ähnliches Problem hat? Vielleicht könnt ihr zusammen eine Lösung finden? Eventuell will Gott dich durch diese Begegnung bereichern? Denke einmal gezielt darüber nach!

Versuche Positives an deinen Problemen zu sehen! Denn sie bringen dich auch näher zu Gott. Diese Erfahrung haben schon viele Menschen gemacht. Wie David, der erste Beter unseres Psalms. Und nach ihm viele andere Menschen. Es ist durchaus so, dass Menschen durch eine Last oder ein Leiden überhaupt einmal auf Gott stossen.

Neulich lese ich, dass in den beiden chinesischen Worten für „Krise“ und „Chance“ jeweils das gleiche Schriftzeichen verwendet wird. Hast du in deinen Lasten und Problemen diese Chance schon gesehen und genutzt, Gott neu oder persönlich wieder näher zu kommen? Vielleicht kannst du am eigenen Kreuz das Kreuz von Jesus neu erkennen? Dass Gott durch Jesus auf unserer Seite steht? Dass bei Jesus wirklich Hilfe ist. Dass er dein Erlöser ist. Dass er dich wirklich trägt.

Bedenke für deine Probleme die drei „G“: Was ist **G**ottes Botschaft an dich? Wo ist das **G**oldkorn? Was hast du für die Zukunft **ge**lernt! Versuche gezielt, etwas Gutes in deinen Problemen zu entdecken! Vielleicht kannst auch du dann in Davids Lob einstimmen.

Versuche Positives an deinen Problemen zu sehen! Das ist das Erste.

Und nun das Zweite: **Stelle dich deinen Problemen!** Stelle dich ihnen mit Gottes Hilfe! Dann wirst auch du wie David die Erfahrung machen: *Gott legt uns eine Last auf, aber er hilft uns auch.* Entscheidend ist da jetzt dieses ABER. Dass du dich deinen Problemen mit diesem ABER im Rücken entgegenstellst.

Was sammelt ihr? Neulich lese ich: Leute sammeln die unterschiedlichsten, ja verrücktesten Sachen: Maobilder, Kuckucksuhren, Gebisse... Mein konkreter Vorschlag an dich: Sammle was Sinnvolles!

Sammle gezielt solche „Aber-Worte“ aus der Bibel, schreib sie dir auf: Bei allem Schweren, was dir geschickt wird, halte immer wieder dieses „aber" dagegen. Ich nenne dir jetzt einmal ein paar Beispiele:

Der Gerechte muss viel leiden, aber der Herr hilft ihm aus dem allen (Psalm 34,20). Knaben werden müde und matt, und Jünglinge fallen, aber die auf den Herrn harren, kriegen neue Kraft (Jesaja 40,30).

Meister, wir haben die ganze Nacht gearbeitet und nichts gefangen, aber auf dein Wort will ich das Netz auswerfen (Lukas 5,5).

Wir haben allenthalben Trübsal, aber wir ängstigen uns nicht. Uns ist bange, aber wir verzagen nicht (2.Korinther 4,8).

Wenn du über dein Problem verzweifelst, traurig bist und es beginnt, dich nach unten zu ziehen: Dann hole deine Aberworte-Sammlung gezielt hervor und halte damit dagegen.

Bist du schon mal einmal bei einer Massagestunde gewesen? Zum Entspannen? Zum Auflockern von Verhärtetem? Massiere regelrecht mit diesen Aberworten deine Probleme. Und mache in deinen Problemen vor allen Dingen eins: Mache Gott gross und nicht dein Problem. Wir denken oft das Gegenteil. Wir machen unser Problem gross und Gott klein. Präge dir das ein: Gott hat die Kontrolle über dich, nicht dein Problem! Denn ER sitzt auf dem Thron, ER hat's in der Hand. Mit dieser Einstellung hast du den grössten Nutzen für dich. Wir haben bis jetzt gesagt: **Versuche Positives an deinen Problemen zu sehen! Stelle dich deinen Problemen!** Und nun noch was: **Profitiere von deinen Problemen!**

Hast du selbst schon einmal daran gedacht, wie viel wertvolle Lebenserfahrung du durch deine Leiden dazugewonnen hast? Kann es Zufall sein, dass Tränen und Diamanten sich so ähnlich sehen? Aus deinen Tränen können wirklich Edelsteine werden. Mache einen Test: Hole doch einmal deine Fotoalben hervor. Schau dir Bilder an, auf denen du zu sehen bist. Geh dabei über das Äusserliche hinaus. Und denke darüber nach: Wie hast du damals gedacht und geglaubt- und wie ist es heute? Was für eine innerliche Entwicklung hast du da durchgemacht? Was hast du schon alles an Reife, Tiefgang und Lebensweisheit gerade aus deinen Problemen gewonnen!

Bei König David ist das auch so. Verfolge seine Lebensgeschichte in der Bibel. Was hat er alles durchgemacht, wie viele Probleme, Gefahren, Rückschläge von aussen und innen! Vom Schafhirten, zum König, zum Liederdichter der Bibel. Über alle Irrungen und Wirrungen heisst es von David: Er war ein Mann nach Gottes Herzen, ja, Jesus wird sogar nach ihm DAVIDSSOHN genannt!

Gott kann auch dich durch deine Probleme auf einen neuen Level, ein neues, höheres Niveau bringen.

Profitiere aus deinen Problemen auch für andere!

Wer von Gott getragen wurde, kann auch andere tragen. Ich muss an die Lebensgeschichte einer Frau denken. Sie ist 51 Jahre alt. Sie ist mit spinaler Muskelatrophie geboren - eine Krankheit, mit der man normalerweise mit ca. 30 Jahren stirbt. Eine wirklich schwere Last hat sie zu tragen.

Sie sagt: *Gott heilt mich bis heute nicht, aber er liess mich länger leben. Und das ist auch ein Wunder! Ich war einige Male nahe am Tod, aber immer wieder kam ich hoch.* Gott gibt dieser Frau den Gedanken, unter Randgruppen zu arbeiten: Dies sind Prostituierte, Gefangene, Obdachlose, Strassenkinder, usw. Sie hat gerade durch den Rollstuhl sehr guten Zugang zu Randgruppen, da sie als körperlich Behinderte ja auch zu einer Randgruppe gehört, die man sieht! Diese Frau sagt: *Der Rollstuhl ist meine Brücke!* Versuche doch auch dein Leben immer wieder auf diesem Hintergrund zu betrachten: Sieh deine Probleme als Brücke.

Bedenke:

Wer selbst geplagt ist, kann die Geplagten stützen und aufrichten.

Wer selbst belastet ist, kann andere Belastete stärken.

Wer selbst Trost empfangen hat, kann Trost weitergeben.- Das ist bei David so,

das darf auch bei dir sein!

Ein Spruch ist: *Wenn ein Christ in die Mühle kommt, dann bekommt seine Umgebung das Öl. Das ist die Hochschule Gottes!*- Was meinst du: Könnte an diesem Spruch, was dran sein? Wenn du mit deinen Problemen positiv umgehst, sagt das anderen mehr als tausend Worte! Und es bringt dich weiter!

Unser Thema heute: **Nutze deine Probleme in drei Schritten!**

Versuche Positives an deinen Problemen zu sehen(denn sie können dich näher zu deinen Mitmenschen und zu Gott bringen)**!**

Stell dich deinen Problemen (mit Gottes Hilfe)**!**

Profitiere von deinen Problemen (für dich und für andere)**!**

Wenn du das tust, werden dein Glaube und deine Persönlichkeit ständig weiter wachsen! Amen.

„Werde ein Trotz-Christ!" Psalm 73, 23-26 .

Dennoch bleibe ich stets an dir; denn du hältst mich bei meiner rechten Hand, du leitest mich nach deinem Rat und nimmst mich am Ende mit Ehren an.

Wenn ich nur dich habe, so frage ich nichts nach Himmel und Erde.

Wenn mir gleich Leib und Seele verschmachtet, so bist du doch, Gott, allezeit meines Herzens Trost und mein Teil.

Kennst Du den Steinbrech? Das ist eine Pflanzenart. Äusserlich eher unscheinbar. – Und trotzdem: Diese Art wächst an den unmöglichsten Plätzen. Ja, sie ist ein echter Gipfelstürmer. Bis in den Gipfelbereich des Walliser Doms, auf 4450 Meter, dringt der Steinbrech vor. Dieser Steinbrech hält stand und bleibt dran. Genauso ist das bei diesem Asaph, der ist übrigens der Beter unseres Psalms. Asaph bleibt am Glauben dran. Und genauso darf das auch bei dir sein.

Unser heutiges Thema ist: **„Werde ein Trotz-Christ!"** Und der erste Punkt ist: **Bleib dran!** Bleib dran an deinem Glauben! Bleib dran, auch wenn du aufgeben möchtest. Es gibt eine wahre Geschichte von einer rostigen Spitzhacke. Jemand findet sie im alten Diamantengebiet von Südafrika. Der Stiel ist längst verfallen; der rostige Pickel aber steckt noch nach über hundert Jahren im Boden. Die Art wie die Hacke fest im Boden steckt, lässt die Enttäuschung erkennen, von der ein Diamantenschürfer übermannt worden ist. Eine ergreifende Tatsache aber ist, dass dieser unbekannte Schürfer folgendes nie erfahren wird: Wenige Meter von seiner Spitzhacke entfernt liegt eine millionenschwere Diamantenader. Schade, wenn jemand so kurz vor dem Ziel aufgibt. Du aber mache das anders. Bleib dran! Denk daran: Der Herr hat einen Plan für dich! Bleib dran! Auch wenn du am liebsten weglaufen möchtest.

Gestern ist es mir so gegangen. Ein 11 Monate altes Kind ist gestorben. Es war ein tragischer Unfall. Ich soll sprechen. Und Gott gibt mir doch die Kraft dazu, dass ich es schaffen kann. Bleib dran, auch wenn du körperliche oder seelische Probleme hast. Denn der Herr weiss einen Weg für dich. Bleib dran! Auch wenn du es erlebst wie dieser Asaph, dass böswillige Zeitgenossen scheinbar mehr Glück haben als du. Bleib dran! Bleib dran an deinem Glauben!

Auch in deinen Sorgen. Alan Shepard ist der erste Amerikaner im All. Ein Journalist fragt seine Frau: *Ihr Mann ist im Weltraum unterwegs. Machen Sie sich da jetzt grosse Gedanken?* Darauf Shepards Frau: *Nein. Denn ich weiss, dass mein Mann in Gottes Hand ist.* -Das darf auch deine Einstellung sein. Bleib dran an deinem Glauben.

Denk an die Briefmarke. Sie kann ihre Bestimmung nur erfüllen, wenn sie dran bleibt! Solange bis sie angekommen ist. So bleib auch du dran wie Asaph, bis Gott dich ruft. Sei ein Trotzchrist. Schreib dir eine Liste mit deinen aktuellen Herausforderungen. Und dann schreib hinter jedes einzelne Stichwort: *Ich bleib dran!* Ausrufezeichen!

Dieser Asaph steckt in einer Krise. Doch auch in dieser Krise bleibt er trotzdem bei seinem Glauben. Darum geht Asaph gestärkt aus dieser Situation heraus. Und das führt zum zweiten Punkt: Der zweite Punkt ist: **Vertiefe! Vertiefe in Schwierigkeiten deine Beziehung zu Gott.** Stell dir vor: Ein Techniker vom Störungsdienst repariert in einem Pfarrbüro das Telefon. Und der Techniker hört zu, wie sich drei Pfarrer unterhalten. Ihr Thema: Welches ist die beste Gebetshaltung? Der eine meint, im Knien lässt es sich am besten beten, das wäre die einzige richtige Haltung vor Gott. Der andere erklärt, dass er am besten im Stehen betet und dazu die Hände zu Gott erhebt. So würde die Sehnsucht nach Erhörung am deutlichsten ausgedrückt. Der dritte ist anderer Meinung. Für ihn ist die richtige Gebetshaltung, auf dem Boden ausgestreckt vor Gott zu liegen, so wie es an einigen Stellen in der Bibel steht, dass Menschen im Gebet vor Gott liegen. Da mischt sich der Fernmeldetechniker ein und sagt: *Also ich habe am besten in folgender Situation beten gelernt. Als ich in echter Not mit dem Kopf nach unten an einem Telefonmast hing!* Schau, da hat einer in grossen Schwierigkeiten seinen Glauben vertieft. Nutze auch du deine Krankheit, deine Not, deine Krise, um deine Beziehung zu Gott zu vertiefen: So wird dein Glaube konzentrierter, echter und stärker!

Mit 14 Jahren ist Bettina Tall dreifache Schweizer Juniorenmeisterin: In Slalom, Abfahrt und Kombination. Ihr Ziel sind die Olympischen Spiele in Vancouver 2010. Doch dann passiert es: Bettina Tall hat einen Kreuzbandriss im Training. Nach der Heilung gelingt ihr der Anschluss nicht. Sie landet nur noch auf Platz 30 bis 40. Zuerst bricht eine Welt für sie zusammen. Doch dann lese ich von Bettina, dass sie in dieser Zeit Gott neu entdeckt hat. Und sie hat erkannt, dass sie für Gott wertvoll ist, auch in der Niederlage. –Was für eine Erkenntnis! Diese junge Dame ist zwar nicht zu den Olympischen Spielen, aber innerlich entscheidend weitergekommen.

Sie ist im Glauben und in ihrem Leben gereift! Und das darf bei dir genauso sein. Vertiefe, wenn es schwierig wird, deine Beziehung zu Gott.

Vertiefe deinen Glauben in schwierigen Zeiten auch durch einen bewussten Kassensturz! Mache Kassensturz wie dieser Asaph. Der schaut in seiner Krise nicht nur auf das, was ihm fehlt. Sondern er wird sich jetzt bewusst, was Gott ihm gibt. Einen festen Halt. Eine echte Stütze. Einen wirklichen Trost. Mache auch du regelmässig einen Kassensturz. Überlege, was du an deinem Gott alles hast.

Folgender Text hilft mir bei meinem eigenen Kassensturz. Ich nehme mir ihn immer wieder einmal her. Er zeigt mir im Rückblick, wie Gott mich geführt hat. Wie Gott mich Erfahrungen hat sammeln lassen und wie mein Glauben sich dadurch vertieft hat. Ich bat um Stärke –aber Gott stellte mich vor Schwierigkeiten, die mich stark machten. Ich bat um Weisheit – aber Gott gab mir Probleme, damit ich lerne, sie zu lösen. Ich bat um Mut – doch Gott setzte mich Gefahren aus, die ich überwinden musste. Ich bat um Liebe – und Gott sandte mir verzweifelte Menschen, denen ich helfen konnte. Ich bat Gott um Geduld und Gott liess mir im Alltag schwierige Leute begegnen, damit ich lernte mit ihnen zurechtzukommen. Ich bekam nichts, was ich mir wünschte und erhielt von Gott alles, was ich brauche! Ist das ein Text auch für dich? Ein Text um über dein bisheriges Leben nachzudenken? Ein Text, um deinen Glauben zu vertiefen?

Unser Thema: **„Sei ein Trotzchrist!“** Zwei Schritte hast du schon kennengelernt. Schritt eins: **Bleib dran!** Bleib dran an deinem Glauben! Schritt zwei: **Vertiefe deine Beziehung zu Gott!** Unser Psalm zeigt dir aber noch den entscheidenden Schritt drei: **Trotze! Trotze allen Widerständen!**

Ich denke an den berühmten Bildhauer Michelangelo. Schon in frühster Jugend glaubt er, dass Gott ihm die Berufung für die Bildhauerei gegeben hat. Seine Verwandten aber wollen aus ihm die Begeisterung für die Bildhauerei regelrecht herausprügeln. Michelangelo geht trotzdem seinen Weg. Mit riesigem Erfolg. Gott sei Dank! Was wären der Welt für Kunstwerke entgangen!

Oder: Bitte hebt einmal die Hand: Wer von euch hat eine Armbanduhr? Erstmals 1927 erscheint in einem Katalog eine solche Armbanduhr. In Fachkreisen beurteilt man es als "Modenarrheit“. Man sagt, eine Uhr an der unruhigsten und den grössten Temperaturschwankungen ausgesetzten Körperstelle zu tragen, ist nicht sinnvoll. Die Experten prophezeien, dass die Armbanduhr nur eine kurzfristige Erscheinung sein wird. Der Erfinder macht trotzdem weiter und heute trägt fast jeder eine Armbanduhr. Und darum: Trotze! Sei ein regelrechter Trotzkopf. Geh immer wieder in die Trotzphase. Wenn noch so viele deine Ideen klein reden wollen. Solange du im Gebet vor Gott nach seinen Geboten grünes Licht hast: Geh deinen Weg. Lass dich nicht runterkriegen. Selbst dann, wenn deine eigenen Gedanken dich nach unten ziehen wollen. Trotze! Und geh mit Jesus noch einen Schritt weiter. Geh mit Jesus in die ETH. Ich meine jetzt nicht in die ETH Zürich. Obwohl das eine gute Hochschule ist. Sondern ETH heisst „erweiterte Trotzhaltung". Ganz wie Jesus! Jesus geht noch über Asaph hinaus. Jesus geht auch auf die zu, die den Kontakt zu Gott verloren haben. Jesus betet auch für die, die ihm Schwierigkeiten bereiten. Geh auch du bewusst in solch eine erweiterte Trotzhaltung. Sag viel öfters bewusst trotzdem! Du erlebst vielleicht: Manche Menschen sind unberechenbar, unvernünftig und denken nur an sich. Bete trotzdem für sie. Geh trotzdem auf sie zu. Manche Menschen brauchen deine Hilfe, sie kritisieren dich, wenn du sie ihnen gibst. Hilf den Menschen trotzdem. Wenn du heute Gutes tust, wird man es morgen vielleicht schon vergessen haben. Tue trotzdem Gutes. Trotze auch diesen Widerständen! Sei ein TROTZ-Christ. Auch, wenn das nicht immer einfach ist!

Ein Mann mit grossen Muskeln wird einmal von einem Reporter gefragt: *Wie kommen Sie nur zu so tollen Muskeln, bitte verraten Sie mir ihr persönliches Geheimnis.* Darauf der Muskelmann: *Drei Dinge sind wichtig. Diese drei Dinge sind. 1. Üben 2. Üben 3. Üben.* Genau das gilt auch für dich. So kommst auch du voran. Und darum: **Bleib dran! Bleib dran an deinem Glauben! Vertiefe! Vertiefe deine Beziehung zu Gott! Trotze! Trotze allen Widerständen! „Werde ein Trotzchrist!** "So bestehst du alle Herausforderungen deines Lebens. Amen.

„Freue dich!“ Psalm 118,1.17.24.

Danket dem HERRN; denn er ist freundlich, und seine Güte währet ewiglich.

Ich werde nicht sterben, sondern leben und des HERRN Werke verkündigen.

Dies ist der Tag, den der HERR macht; lasst uns freuen und fröhlich an ihm sein.

In der Schweiz gibt es sie seit 1981. Die Anschnallpflicht im Auto. Eigentlich müsste es die auch in Gottesdiensten geben. -Warum? Ja, weil wir immerzu hoch springen müssten - aus Freude über unseren einzigartigen Herrn und Gott. Und dieser Psalm nennt dir auch drei echte Gründe, warum du dich freuen kannst: Grund Nummer 1: **Freue dich über Gottes Hilfe!**

Der Psalm ist überschrieben mit *Dankbares Bekenntnis zur Hilfe Gottes*. Ein praktischer Vorschlag dazu: Zurzeit überschwemmen regelrecht Bücher zum Thema „Gedächtnistraining“ den Markt. Und hier ist ein Gedächtnistraining für dich. Überlege dir einmal: Wo hast du Gottes Hilfe erfahren? Geh mal zuhause oder auf einem Spaziergang folgende Punkte persönlich durch: Wo hast du Gottes Hilfe erfahren: Wo in der vergangenen Woche- wo in den letzten 12 Monaten- wo in deinem ganzem Leben? Sicher fällt dir jede Menge dazu ein. Du kannst zB sagen: Gott hat dich durch Krankheit, Prüfungen, durch schwierige Gespräche geführt. Gott hat dir immer wieder geholfen, sogar als du dachtest: *Jetzt ist es aus!*

Am letzten Mittwoch habe ich das gedacht. Weisst du was ein Kurbelwellensensor ist? Mitten im Abendverkehr geht der bei meinem Auto kaputt. Und dadurch bleibt mein Auto direkt am Verkehrskreisel stehen. Das war der unmöglichste Platz, den man sich vorstellen kann. 1000 Autos stehen hinter mir, inklusive Busse und LKW. Und trotzdem: Auch da kam ich wieder heil heraus. Auch da gab’s eine Lösung. Und darum: Denk an den ersten Vers, den ich vorhin vorgelesen habe: Danket dem HERRN; denn er ist freundlich, und seine Güte währet ewiglich. Ja, nimm diese Aufforderung wörtlich für dich: Danke Gott für seine Hilfe in deinen Gebeten. Danke Gott für seine Hilfe durch ein frohes Gesicht. Es gibt jedoch Christen, die laufen mit einem Gesicht herum, als hätten sie soeben eine ganze Packung trockenes Knäckebrot gegessen- ohne Beilagen wohlgemerkt. Bei dir soll es anders sein. Du hast allen Grund, vor Freude zu strahlen. Denk nur an Jesus Christus! Jesus tut so viel höchst Erfreuliches für dich! Er geht für dich ans Kreuz. Er wird für dich wieder lebendig. Er stösst dir die Tür zu Ewigkeit auf! Er ist schon jetzt bei dir alle Tage deines Lebens. Das ist doch grossartig.

Danke Gott für seine Hilfe, indem du sie AKTIV weitergibst: Ein Luxustraumschiff passiert eine kleine abgelegene Insel bei seiner Fahrt durch den Indischen Ozean. Eine heruntergekommene Gestalt in zerfetzten Lumpen fuchtelt wild mit den Armen, springt wie verrückt am Strand hin und her und versucht offensichtlich, mit allen Mitteln auf sich aufmerksam zu machen. *Was hat der denn?* fragt ein Passagier den Kapitän. *Ach der - der freut sich immer so, wenn wir hier vorbeifahren.* -Im Ernst: So kann man die Not von anderen übersehen. Bitte Gott, dass er dir offene Augen gibt, wo du persönlich helfen kannst! In der Nachbarschaft, auf deinem Weg durchs Dorf. Bei Bekannten und Unbekannten.

Unser Thema heute: **„Freue dich!"** Erster Punkt dazu ist: **Freue dich über Gottes Hilfe!** Und gib diese Hilfe mit ebenso grosser Freude weiter! Und nun das Zweite: **Freue dich über Herausforderungen!** Es ist Sommer 1530. Martin Luther wartet auf der „Veste" Coburg voller Ungewissheit. Die Reformation steht auf des Messers Schneide. Und Luther tut da folgendes: Er schreibt etwas auf die Wand seines Zimmers. Eben diesen Vers aus dem 118. Psalm, den wir als zweites gehört haben: *Ich werde nicht sterben, sondern leben und des Herrn Werke verkündigen.* Daran hält sich Luther fest. Das bringt ihm die Lebensfreude zurück. Das erfüllt ihn mit einer grossen Gewissheit, ja einer echten Vorfreude, dass er mit Gottes Hilfe alle seine Herausforderungen schaffen kann.

Und unser Psalm-Beter sagt es auch: Selbst wenn dich deine Probleme umgeben wie ein angriffslustiger Bienenschwarm: Der Herr ist mächtiger. Und darum ist unser Beter überzeugt, dass er am Ende gestärkt aus allen seinen Situationen herausgehen wird. Und so auch du: Freu dich, dass du durch deine Herausforderungen wachsen darfst. Stichwort *wachsen:*

Du weisst, was eine Amöbe ist. Eine Amöbe ist ein Einzeller. Mit ihrer Grösse von einem halben mm ist sie für uns mit dem blossen Auge gerade noch erkennbar. Wissenschaftler haben ein Experiment durchgeführt, bei dem sie so eine Amöbe in eine absolut stressfreie Umgebung gesetzt haben. Ideale Temperatur, optimale Feuchtigkeit, ständige Nahrungszufuhr. Es war ein Umfeld, in dem die Amöbe nicht die geringste Anpassungsleistung vollbringen musste. Man könnte jetzt davon ausgehen, dass die Amöbe äussert glücklich ist. Es gibt ja nichts, was der Amöbe Magengeschwüre oder Bluthochdruck verursacht. Nicht mal Steuern muss sie bezahlen. Seltsamerweise geht die Amöbe ein. Denn alle Lebewesen, vom Einzeller bis zum Menschen, tragen etwas in sich, was Herausforderung braucht. Du benötigst Herausforderungen wie die Luft zum Atmen. Zuviel Stillstand ist dein Ende.

Genauso ist es mit deinen Schwierigkeiten. Durch sie will Gott dich weiterbringen! Ein Vorschlag: Nimm ein Blatt Papier. Ziehe in der Mitte einen senkrechten Strich. Trage in die linke Seite deine Herausforderungen und Probleme ein. Und dann überlege dir auf der rechten Spalte ernsthaft: Welche Trainingsmöglichkeit hat Gott dir hier für deinen Glauben gegeben? Welche Chancen, Gelegenheiten und positiven Anstösse stehen dahinter?

Ich gehe zurzeit jeden Morgen in meinem Büro an folgendem ermutigenden Satz vorbei: *Vertrau auf deinen Gott, denn er hilft dir in höchster Not.*- Überlege dir: Was kann dein Satz sein, der dich in deinen täglichen Herausforderungen begleitet? Vielleicht ein Vers aus unserem Psalm, den du dir aufschreibst, an deine Tür hängst? Vielleicht eben dieser: *Ich werde nicht sterben, sondern leben und des HERRN Werke verkündigen.*

Einige von euch machen Gymnastik. Das tut dem Körper gut. Mache jeden Tag aber auch deine geistliche Gymnastik: Schau jeden Morgen in den Spiegel. Sprich es laut aus: *Ich bin gesegnet, geführt, getragen von meinem Gott. Ich brauche mich nicht fertig machen zulassen durch Meldungen über Hühnerviren oder Schweinegrippe. Gott wird mich schützen. Und ER wird mir Türen öffnen, wo immer es nötig ist. Schon jetzt freue mich auf kommende Herausforderungen.*

Du hast gehört: **Freu dich über Gottes Hilfe! Freu dich auf Herausforderungen!** Und nun das Dritte. Unser Psalm sagt: *Dies ist der Tag, den der HERR macht; lasst uns freuen und fröhlich an ihm sein.* An einem Fest wurde dieser Vers in Israel einst angestimmt. Doch dieses Wort darf doch für jeden Tag deines Lebens gelten. Und darum ist der dritte Punkt: **Freu dich über jeden neuen Tag!** Mache es so: Lebe jeden Tag, den Gott dir gibt so, dass er zu einem grossen Geschenk für dich wird. Und zwar, indem du versuchst zu lieben, was du gerade tust.

Ich denke an Robert Böck. Nach vielen Dienstjahren ist er aus seinem Beruf ausgeschieden. Zeitungen in ganz Österreich berichten über ihn. Der Bürgermeister von Wien ist bei seiner Verabschiedung persönlich anwesend. Dazu eine ganze Reihe Minister. Ist Robert Böck etwa ein Bankdirektor, ein Polizeipräsident oder gar oberster Richter? Nein, er war ein einfacher Kellner in einem Café an der Ringstrasse. Aber er war es mit so viel Freude, dass er in seiner Tätigkeit völlig aufgegangen ist. Er interessierte sich positiv für seine Gäste. Seinen Beruf sah er als Berufung. Er freute sich auf jeden Tag, an dem er zum Dienst gehen durfte. Alles das hat diesen enormen Eindruck auf seine Umgebung hinterlassen.

Also: Du musst gar nicht Filmstar, Erfinder oder Grossunternehmer sein, um ein erfülltes Leben zu haben, sondern nur täglich in deiner von Gott bestimmten Aufgabe ganz und gar aufgehen. Blühe wie eine Blume dort, wo du hingepflanzt bist!

Und tue darum schon die kleinen Dinge mit Freude. Ob beim Kartoffelschälen, ob beim Ausräumen der Geschirrspülmaschine, beim Bäume ausschneiden oder beim „Müllbeutelvordiehaustürbringen". Freu dich über jeden neuen Tag! Sieh dazu auch bewusst die Schätze in deiner Umgebung:

Eine Frau in Los Angeles findet ein rund 3 Millionen Franken teures Cello von Stradivari neben einem Müllhaufen. Das Cello war einige Tage vorher gestohlen worden. Ob sich der Dieb nicht bewusst war, was er hier für ein Wertstück „mitgenommen" hatte? Und auch die Frau wird erst durch Presseberichte auf den Diebstahl aufmerksam und kann das Instrument zurückgeben. Sie hatte übrigens vor, das Instrument in einen CD-Ständer umbauen zu lassen. – Man stelle sich das nur einmal vor. Weder Dieb noch Finderin sehen den riesigen Wert! Mache du das anders:

Lerne die Schätze deines Alltags sehen und freu dich darüber!

Freue dich über das Geschenk dieses Tages! Überlege dir, wie viele Geschenke auf zwei Beinen lässt dir Gott tagtäglich begegnen. Viele dir positiv gesinnte Menschen in deiner Umgebung nimmst du nur am Rande wahr. Überlege dir: Wen von ihnen kannst du einmal bewusster ansprechen? Auf wen solltest du mehr zugehen? Wen kannst du mal einmal einladen? Freu dich über das Geschenk dieses Tages. Öffne dazu auch immer wieder alle deine Sinne für Gottes Schöpfung!

Ich trete neulich am Morgen auf den Balkon. Und da höre ich es. Ein kleiner Vogel singt fröhlich aus Leibeskräften. Ich sage mir: *Was ist mit diesem kleinen Vogel los? Wieso freut der sich so? -He, kleiner Vogel hast du heute Morgen noch nicht die Tageszeitung mit den neuesten Horrormeldungen gelesen?* Da wird es mir schlagartig klar, warum dieser Vogel so fröhlich singt. Er weiss es tief in sich drin, dass es einen Gott im Himmel gibt, eine Macht, die sein Leben unter Kontrolle hat. Eine Macht, die auch für dich sorgt-auch in deinen Schwierigkeiten. Über dieses Geschenk darfst auch du dich tagtäglich neu freuen!

-Unser Thema ist heute: **„Freue dich!"** Schau, es hat es doch genug Gründe dafür! Und darum: **1. Freue dich über Gottes Hilfe! 2. Freue dich auf Herausforderun-**

gen! 3. Freue dich über jeden neuen Tag! Mit dieser Einstellung geh voller Vorfreude in die neue Woche! Amen.

„Achte auf dein Herz!“ Sprüche Salomos 4, 23-24.

Behüte dein Herz mit allem Fleiss, denn daraus quillt das Leben. Tu von dir die Falschheit des Mundes und sei kein Lästermaul.

Unser heutiges Thema lautet: **Achte auf dein Herz!** Und der weise Salomo gibt dir dazu einen grundlegenden ersten Rat: **Schütze dein Herz!**

Hundebesitzer in der Schweiz wissen, was ein „Robidog“ ist. Durch diese speziellen Abfallbehälter entsorgt man in der Schweiz die „Hinterlassenschaften“ vom geliebten Vierbeiner. Jedes Herrchen und Frauchen macht das bei uns. Als ich im letzten Februar in Paris war, da habe ich diese Robidogs vermisst. Paris ist eine wunderschöne Stadt. Doch so manche Stepptanz-Einlage von Fussgängern auf dem Pariser Trottoir entpuppte sich bei näherem Hinsehen als etwas anderes. Ich erspare euch jetzt die Details. Verschmutze Gehwege sind einfach lästig. Es gibt aber noch etwas Schlimmeres: eine Verschmutzung unserer Innenwelt. Ja, es gibt eine Innenweltverschmutzung in uns drin. Die ist genauso unangenehm wie die von aussen. Und darum:

Schütze dein Herz! Und das fängt bei deinen Gedanken an. Deine Gedanken machen ständig einen Ringkampf. Positive Gedanken kämpfen gegen negative Gedanken! Du kannst das nicht! Du bist wertlos! Niemand mag dich! Das sind solche negativen Sprüche. Wenn ich darauf höre, kann ich nur mutlos werden – oder? Wichtig ist, dass ich solche Gedanken erkenne und mich mit Gottes Hilfe dagegen schütze. Das Wort, das im Hebräischen mit „schützen/behüten“ verbunden ist, hängt wiederum zusammen mit dem Wächter, der in einer Stadt das Tor bewacht. Dieser Wächter schaut, wer hineinkommt und wer hinaus- geht. Bitte Gott, dass er doch dein Herzenstorwächter ist. Bitte Gott, dass er negative Gedanken gleich welcher Art nicht in dein Herz hineinlässt.

Schütze dein Herz! Stelle darum auch keine Vergleiche an! Viele haben die Neigung, sich ständig mit anderen Menschen zu vergleichen. So kommt Neid in dein Herz. Ständiges Vergleichen führt zu nichts. Im Gegenteil: Denke zum Beispiel an Kain und Abel. Du kennst die Geschichte und ihren negativen Ausgang. Ständiges Vergleichen ist schädlich und unnötig.

Bitte schau jetzt einmal die Schuhe von deinem Platznachbarn an. Stell dir vor: Du tauscht jetzt die Schuhe mit deinem Nachbarn. Du läufst ab heute mit seinen Schuhen herum. Was kommt dabei heraus? Selbst wenn du in etwa seine Schuhgrösse hast, würden seine Schuhe dich drücken. Und genauso ist das mit deinem Leben insgesamt. Gott hat dich besonders, einmalig gemacht. Es gibt keinen Menschen auf dieser Erde, der so ist wie du. Keiner sieht so aus wie du, keiner fühlt und denkt so wie du, keiner hat die gleichen Fähigkeiten von Gott bekommen. Niemand hat die gleiche Stimme wie du, die gleichen Erinnerungen oder Träume. Niemand liebt die Menschen, die dir nahe stehen, so wie du. Gott hat auch für jeden von uns einen einmaligen Plan für unser Leben. Vergleiche dich darum nicht ständig mit anderen!

Schütze dein Herz! Ein Kind spielt eines Tages mit einer sehr wertvollen Vase. Es steckt seine Hand hinein. Und plötzlich kann das Kind sie nicht wieder herausziehen. Sein Vater gibt sich die grösste Mühe, die Hand zu befreien, schafft es jedoch nicht. Die Eltern überlegen, die wertvolle Vase zu zerbrechen, als der Vater sagt: *Jetzt pass auf, wir wollen es noch einmal versuchen. Öffne deine Hand und mach die Finger ganz gerade, wie du es bei mir siehst, und dann zieh.* Sehr zum Erstaunen aller sagt das Kind: *O nein, ich kann meine Finger nicht ausstrecken, denn dann lasse ich mein 10 Rappenstück fallen!* Lacht, wenn ihr wollt - aber viele Menschen sind wie dieses Kind. Sie klammern sich so fest an Dinge, die sie belasten. Wichtig ist, dass wir damit zu Gott kommen. Leere mit Gottes Hilfe dein Herz von Dingen, die nicht hineingehören: Tu raus, was dich belastet. Alte, unbereinigte Geschichten. Dinge, die du anderen nachträgst.

Man hat nachgewiesen, dass durch „Nicht-Vergeben-Können" Krankheiten wie Schlaflosigkeit, Magenbeschwerden und eben Herzprobleme auftreten. Man bindet Unmengen an Energie, man verschwendet Kraft, die man so dringend anderweitig benötigt. Und darum ist es notwendig, dass wir immer mal wieder innehalten und ehrlich werden vor Gott und sagen: Herr, hier ist mein Herz, ich halt's dir hin. Nimm bitte raus, was nicht hineingehört! Das ist der ideale Schutz für dein Herz!

Schütze dein Herz! Eine ausgezeichnete Schutzmassnahme für dein Herz ist seine Stärkung. Und darum ist das Zweite: **Stärke dein Herz!**

Kennt jemand von euch „Doppelherz"? Den Aufbautrunk "mit der Kraft der zwei Herzen" ? Das ist ein faszinierender Gedanke: Dass man ein zweites, ein doppeltes Herz hat. Als Christ hast du das tatsächlich: Neben deinem eigenen Herz hast du ein Zweites. Nämlich Gottes Herz. Gottes Herz schlägt für dich. Er will dein Retter, Begleiter und Ansprechpartner sein. Er ist bei dir an guten, aber auch an schweren

Tagen. Er liebt dich und weiss, was du brauchst und wonach dein Herz sich sehnt. Sein Frieden will dich erfüllen. Gottes Zusage gilt für jeden, der sein Herz dafür öffnet! Gott ist bereit, dir ein neues Herz zu geben! Ein Herz, in dem sein Sohn Jesus wohnt und regiert.

Wenn du es noch nicht getan hast, bitte ihn darum, in dein Herz zu kommen. Ein wichtiges Stärkungsmittel ist auch Gottes Wort. Es schützt dich vor allen negativen Gedanken, die dich nach unten ziehen wollen. Du sagst vielleicht: *Ich schaffe das nicht mehr!* -Gott sagt in der Bibel: *Meine Kraft ist in den Schwachen mächtig.* Du sagst: *Ich habe Angst!* -Gott sagt: *Fürchte dich nicht, denn ich habe dich erlöst; ich habe dich bei deinem Namen gerufen; du bist mein.* Du sagst: *Ich fühle mich so einsam und verlassen!* -Gott sagt: *Ich will dich nicht verlassen und nicht von dir weichen.* Solche Worte sind wie „Fisherman's Friend", die sind wie starker Meerrettich für die Seele. Stärke deine Gedankengänge durch Gottes Wort!

Ein Mann sagt zu dem Seelsorger: *Es ist, als ob in meinem Herzen ein weisser und ein schwarzer Hund ständig gegeneinander kämpfen. Der schwarze Hund*, meint er, *sei das Böse, der weisse das Gute.* Der Seelsorger fragt ihn: *Und welcher Hund gewinnt den Kampf?* -Nach kurzem Nachdenken antwortet der Ratsuchende: *Der Hund, den ich füttere.* -Und welchen Hund fütterst du? Wichtig ist: Füttere dich mit guten Dingen, füttere dich regelmässig mit Gottes Worten. Sammle sie dir, schreib sie auf, trage sie bei dir!

Schütze dein Herz, stärke dein Herz! Und nun noch das Dritte: **Schau, was aus deinem Herzen kommt!** *Denn aus deinem Herzen quillt das Leben*, sagt Salomo. Was aus deinem Herzen kommt, ist lebensentscheidend! Der englische Schriftsteller Malcolm Muggeridge wurde bei einer Zollkontrolle auf dem Flughafen gefragt: *Tragen Sie Waffen bei sich?* Muggeridge antwortete: *Ja!* - Das Sicherheitspersonal geht sofort in Abwehrstellung. Doch der Schriftsteller zieht seinen Kugelschreiber aus der Jackentasche. Dieses Beispiel ist bitte nicht zur Nachahmung bei eurer nächsten Reise empfohlen. Aber trotzdem zeigt es etwas Wichtiges: Worte können wie Waffen sein- geschrieben oder gesprochen - können verwunden, verletzen. Und darum: Achte auf deine Worte. Schau, was aus deinem Herzen kommt!

Sei auch kein Lästermaul! sagt Salomo. Lästere nicht über andere. Stell dir vor: Ein Nachbar hat über einen anderen Mann negative Gerüchte verbreitet. Der Mann stellt den Nachbarn zur Rede. Der Nachbar versichert: *Ich werde es bestimmt nicht wieder tun und ich nehme alles zurück, was ich über Sie erzählt habe.* Der Mann antwortet: *Ich will Ihnen verzeihen. Doch möchte ich eine Wiedergutmachung. Neh-*

men Sie dieses grosse Kissen! Tragen Sie dieses Kissen in ihr Haus, das hundert Schritte von meinem entfernt steht. Dann schneiden Sie ein Loch in das Kissen und kommen wieder zurück, indem Sie unterwegs immer Federn nach rechts und nach links werfen. Dies ist der Wiedergutmachung erster Teil. -Der Nachbar macht das. Als der Nachbar wieder vor ihm steht und ihm die leere Kissenhülle überreicht, spricht er: *Das war gar nicht schwer. Und was ist der zweite Teil meiner Wiedergutmachung?*- Der Mann antwortet: *Gehen Sie jetzt den Weg zu ihrem Haus zurück und sammeln Sie alle Federn wieder ein.* Der Nachbar ist verwirrt: *Ich kann doch unmöglich all die Federn wieder einsammeln! Ich streute sie wahllos aus, warf eine hierhin und eine dorthin. Inzwischen hat der Wind sie in alle Himmelsrichtungen fortgetragen. Wie könnte ich sie je alle wieder einfangen?* Der Mann nickt ernst: *Das wollte ich nur von Ihnen hören! Genau so ist das mit negativen Reden. Einmal ausgestreut, kann man sie nur schwer wieder zurücknehmen!* Und darum: Schau, was aus deinem Herzen kommt. Verbreite gegen den allgemeinen Trend positive Gerüchte. Sprich gute Dinge über jemand, über den sich andere gerne auslassen und lästern. Mache es dir zur Gewohnheit für andere zu beten und sie zu segnen. Frage dich: Was kannst du ausser Lästern mit dem Mund denn positives machen? Zum Beispiel einen Kuss geben. Küss mal wieder!

Der Maler Benjamin West ist gerade mal 5 Jahre alt. Er hat in der Küche ein Bild gemalt. Aber dieses Bild ist ziemlich über den Papierrand, ja über den Tisch, hinausgegangen. Die Mutter kommt in die Küche und was passiert? Die Mutter bewundert das Bild und gibt ihrem Sohn einen Kuss. Als Erwachsener Mann sagt Benjamin West: *Der Kuss meiner Mutter machte mich zum berühmten Maler.* -Nicht, dass ihr jetzt jeden küssen müsst, küssen ist freiwillig. Und es ist klar, mit Küchen soll man schonend umgehen. Aber auch du kannst andere durch deinen Mund ermutigen. Auch du kannst Herzlichkeit zeigen. Es hat jemand einmal gesagt: *Der Mensch bringt täglich seine Haare in Ordnung – warum nicht auch sein Herz?*

Und darum: **Achte auf dein Herz! Schütze es! Stärke dein Herz! Schau, was aus deinem Herzen kommt!** Gott helfe dir dazu. Amen.

Predigt zum 4. Advent: „Nutze Gottes Licht!“ Jesaja 60, 1-5

Mache dich auf, werde licht; denn dein Licht kommt, und die Herrlichkeit des HERRN geht auf über dir! Denn siehe, Finsternis bedeckt das Erdreich und Dunkel die Völker; aber über dir geht auf der HERR, und seine Herrlichkeit erscheint über dir. Und die Heiden werden zu deinem Lichte ziehen und die Könige zum Glanz, der über dir aufgeht. Hebe deine Augen auf und sieh umher: Diese alle sind versammelt und kommen zu dir. Deine Söhne werden von ferne kommen und deine Töchter auf dem Arme hergetragen werden. Dann wirst du deine Lust sehen und vor Freude strahlen, und dein Herz wird erbeben und weit werden, wenn sich die Schätze der Völker am Meer zu dir kehren und der Reichtum der Völker zu dir kommt.

Neulich lese ich einen bewegenden Bericht über ein Gefangenenlager in Osteuropa. Es ist kurz nach dem Ende des Zweiten Weltkriegs. Viele Gefangene leiden an der Kälte. Sie leiden vor allem auch an der Dunkelheit in ihren Zellen. Doch zwei Gefangene halten die vielen Jahre ihrer Gefängniszeit durch. Wisst ihr, wie das möglich ist? Nun, in ihrer Zelle gibt es ein kleines Fenster, durch dieses scheint die Sonne im Durchschnitt ein bis zwei Stunden pro Tag. Nun stellen sich diese beiden Gefangenen abwechselnd mit entblösstem Oberkörper in die Sonnenstrahlen, die durch das Fenster in die in die Zelle fallen. Das Licht erwärmt ihre Körper, gibt ihnen Widerstandskraft. Diese täglichen Augenblicke in der Sonne sind für beide Männer lebensentscheidend.

So ist es auch für dich wichtig, dass du dich immer wieder in Gottes Licht stellst. Unser Thema heute: **„Nutze Gottes Licht!“** Und der erste Schritt dazu ist: **Stelle dich in Gottes Licht!**

Nimm auch du regelmässig ein Bad in Gottes Licht! Ein Vorschlag dazu: Betrachte Lichtworte aus der Bibel! Nimm sie dir gerade in dieser Zeit zwischen den Jahren her. Denke gezielt über diese Lichtworte nach. Was bedeuten sie für dich persönlich? Ich nenne dir einige in Auswahl: Psalm 27,1: *Der HERR ist mein Licht und mein Heil; vor wem sollte ich mich fürchten?* Psalm 119: *Dein Wort ist ein Licht auf meinem Weg.* Oder dann die berühmte Stelle: *Ich bin das Licht der Welt, wer mir nachfolgt wird nicht in der Finsternis bleiben, sondern wird das Licht des Lebens haben.* Das steht bei Johannes 8,12.

Stelle dich in Gottes Licht! Sei kein geistiger Kaninchenzüchter! 1859 hat ein Jäger 24 Wildkaninchen nach Australien gebracht und sie auf seinem Grundbesitz aussetzt. Unter den Voraussetzungen der australischen Wildnis vermehren sich die Tiere unglaublich schnell und sie werden bald schon zur Landplage. 50 Jahre später schätzt man die Gesamtzahl der Kaninchen auf etwa 500 Millionen. Und weisst du:

Sich in seine negative Gedanken eingraben, ist genauso wie übermässiges Kaninchenzüchten. Und dieses Beispiel zeigt, ob Kaninchen oder Gedanken: Wer erst mal zwei hat, hat bald ein Dutzend. Und dann noch mehr. Mache das anders!

Stelle dich in Gottes Licht! Sag ihm alle Dinge, die dich bedrücken. Alles, was dich fertig macht. Deine ganze Verzweiflung. Deinen Kummer. Stelle das alles in sein Licht. Übergib das deinem Gott. Ihm darfst du doch alles sagen.

Stelle dich in Gottes Licht! Schmore nicht in Selbstmitleid.

Jemand sagt zu seinem Freund: *Gestern steckte ich wegen eines Stromausfalles eine halbe Stunde in einem Lift fest.* Da antwortet sein Freund: *Da hast du noch Glück gehabt. Ich musste neulich wegen eines Stromausfalles zwei Stunden auf einer Rolltreppe stehen, bis sie wieder funktioniert hat.* -Du magst über so einen Fall den Kopf schütteln. Und doch verhält man sich manchmal selbst so.

Stelle dich viel lieber in Gottes Licht: Nenne Gott dazu deine dunklen Flecken. Gerade davon hat Jesaja immer wieder zu seinen Leuten gesprochen. Was musst du bei dir korrigieren? Nenne es deinem Gott. Gerade auch darum kommt ja Jesus zu uns. Er hilft dir dabei, dich zu ändern, wo es nötig ist. Damit du befreit und positiv deinen Weg gehen kannst.

Also erstens: **Stelle dich in Gottes Licht!** Und jetzt das Zweite:

Folge Gottes Licht!

Es ist wie Jesaja sagt: Jahrhunderte später sind tatsächlich Menschen aufgebrochen. Sie sind Gottes Licht gefolgt. Der Lichtstrahl eines Sternes führte die Weisen aus dem Morgenland zu dem Kind, das zum Licht für die ganze Welt werden sollte. Und viele andere haben das getan. Und das darfst du doch auch tun!

Folge Gottes Licht! Vertraue darauf, dass er auch dich den richtigen Weg führt.

Kennt jemand von euch das Buch: "Die unbegabte Frau"? Es geht da um ein Dienstmädchen. Eines Tages lässt Gott in ihr die Idee aufleuchten, dass sie Missionarin in China werden will. 1920 bewirbt sie sich bei einer Missionsschule, erregt dort aber nur verwundertes Kopfschütteln. Sie wird mit der Begründung abgewiesen, sie sei zu unbegabt - zu unbegabt zum Beispiel für die schwierige und fremde Sprache. Zu wenig intelligent. Ja, sie ist doch nur eine bescheidene Hilfsarbeiterin. Antrag abgelehnt! Und wisst ihr, was dann passiert ist? Die junge Frau sagt: *Jetzt erst recht!* Sie legt ihren bescheidenen Lohn solange zur Seite, bis sie das Reisegeld zusammen hat. In China hat sie dann über viele Jahre hin sehr positiv gewirkt und vielen Menschen helfen können. So kümmerte sie sich insbesondere um Waisenkinder. Gladys Aylward wird heute noch im Reich der Mitte als Heldin verehrt.

Das ist ein Beispiel auch für dich: Wenn Gott dir eine gute Idee gegeben hat, wenn du sie mit Gott abgesprochen, darüber gebetet hast, dann verfolge sie! Lass dich von nichts und niemanden davon abbringen. Ich bin überzeugt: In dir schlummern sehr viele gute Ideen. Ideen, die nur darauf warten von dir gelebt zu werden.

Denk daran: Es ist nie zu spät, seiner von Gott gegebenen Bestimmung zu folgen. Sein Buch ist zurzeit auf der Bestseller Liste der Schweiz. Auf dem Höhepunkt seiner Karriere, unternimmt er einen spektakulären Spurwechsel. Gerade 57 Jahre alt geworden, tauscht er das Skalpell mit 460 Pferdestärken, den weissen Arztkittel mit einem blauen Overall. Es ist der renommierte Zürcher Herzchirurg Markus Studer. Seither fährt er als Fernfahrer kreuz und quer durch Europa. Er hat seine Bestimmung gefunden. Und das gilt auch für dich:

Folge Gottes Licht! Er hat immer wieder eine neue Aufgabe für dich. Wenn du herausfinden willst, ob dein Auftrag auf der Erde beendet ist, ob Gott noch was mit dir vorhat, kannst du von folgendem ausgehen: Wenn du noch lebst, ist dein Auftrag noch nicht beendet, dann hat Gott noch was mit dir vor. Sein Licht will sich Bahn brechen in deinem Leben. Mit dieser Erwartung beginne jeden Tag!

Ich habe hier in meiner Hand eine Solarleuchte. Solche Solarleuchten werden auf Englisch als "Path-Marker" (Pfadmarkierer) bezeichnet. So ein Ding speichert das Sonnenlicht. Und gibt es als Licht wieder ab. Für mich ist diese Gartenlampe ein Bild fürs Christsein. Fürs Sein in Christus. Der Herr beauftragt uns, das von ihm aufgenommene Licht weiterzugeben. Und darum kommen wir zum Dritten:

Mache dich auf und werde Licht! In unserem Bibeltext ist damit zuerst Jerusalem gemeint. Dann die Menschen in Israel. Dann aber alle Gläubigen aus allen nur denkbaren Völkern. Und damit bist auch und gerade du gemeint. Und darum: Strahle! **Gib Gottes Licht weiter!**

Du fühlst dich manchmal vielleicht nur so wie ein kleines Teelicht. Du denkst: *Was kann ich denn schon Grosses tun? Was kann ich denn schon ändern? Hat das überhaupt Sinn?* Aber du bist Licht! Du bist dadurch Licht, dass Gott durch dich durchscheinen will. Wie das Licht hier durch die Kirchenfenster. Höre nicht auf, Leuchtfeuer der Hoffnung zu setzen. Du kannst einen Traurigen trösten. Für jemanden beten. Und niemanden aufgeben. Wo immer dies geschieht, wird Licht. Gib Gottes Licht weiter! Es gibt in der Bibel ein elftes Gebot: *Du darfst dich freuen!* Denn die Freude läuft wie das Licht als roter Faden durch die Bibel. Und auch Jesaja sagt hier: Du darfst vor Freude strahlen! Nimm dir freudige Menschen zum Vorbild und lebe ihnen nach. Ich denke an eine Frau mit dem herrlichen Namen Anne Rindfleisch. Geboren wurde Anne Rindfleisch vor ca. 40 Jahren. Ihre Kindheit ist fast normal abgelaufen. Jetzt ist sie erwachsen, hat einen lieben Partner und leitet einen Computerladen bei einem örtlichen Einzelhandel. Nun fragst du dich vielleicht: *Was ist so besonders an Anne Rindfleisch?* Nun: Sie hat ihr Leben begonnen, ohne Arme und Bein. Doch dies hielt sie NIE auf! Es gibt kein "Nein, das geht nicht" bei ihr! Nichts hielt sie davon ab, erfolgreich ein Studium abzuschliessen, einen verständnisvollen Partner zu bekommen und Abteilungsleiterin zu werden. Sie sagt von sich selbst: *Ich bin ein quietsch-gesunder fröhlicher Mensch, halt nur mit einer kleiner Einschränkung auf den Körper bezogen. Ich bin Gott so dankbar für mein Leben. Mir fehlt nichts.* Wenn du das nächste Mal undankbar, schlecht gelaunt oder frustriert bist, oder dich wieder eine Kleinigkeit ärgert, wenn dir irgendwas wieder deine Freude rauben will, so denk einfach mal an Anne Rindfleisch. Studiere gezielt fröhliche Menschen in deiner Nähe. Lerne von ihnen. Schau gezielt darauf: Wie leben sie ihre Dankbarkeit? Wie drücken sie ihre Freude aus? Wie gehen sie mit Problemen um? Strahle, gib Gottes Licht weiter!

Sagt euch der Name *Rodriguez* etwas? Er war ein äusserst erfolgreicher Golfprofi. Bis heute ist er ein engagierter Christ.

Bei einem Golfturnier hatten sich Hunderte Menschen versammelt, um ihm beim Abschlag zusehen zu können. Hinter dem Abschlagplatz sitzt ein Junge in einem Rollstuhl. Niemand achtet auf ihn. Unmittelbar vor dem Abschlag sieht Rodriguez den Jungen. Er unterbricht sein Spiel. Ein Raunen geht durch die Menge. Der Golfstar geht zu dem Jungen, um ihn zu begrüssen. Er nimmt seinen Golfhandschuh. Er zieht ihm den Jungen über seine Hand. Was einige Sorgfalt braucht, da seine Hände verkrüppelt sind. Der Golfprofi schreibt seinen Namenszug auf den Handschuh. Der Junge strahlt über das ganze Gesicht. Es ist der glücklichste Tag seines Lebens. Nun: Du bist kein Golfprofi. Und doch:

Nimm es dir vor. In der kommenden Woche wenigstens einem Menschen in deiner Umgebung Licht zu sein. Ihm besondere Aufmerksamkeit zu schenken.

Ein konkreter Vorschlag zum Schluss.

Ich möchte jeden von euch einladen, solch eine Grusskarte weiterzugeben oder zu verschicken, eine solche Grusskarte, die ich euch nach der Predigt verteilen werde. Innen drin ist die neue Jahreslosung.

Gib die Karte einem Menschen, Nachbarn, Kollegen, wem auch immer. Setze dadurch ein positives Lichtzeichen. Unser Thema: **„Nutze Gottes Licht!"** Gottes Licht wirst du nutzen, wenn du dich zuerst in Gottes Licht stellst. Wenn du dann Gottes Licht folgst. Und schliesslich konsequent sein Licht weitergibst. Amen.

„Glauben mit Tiefgang.“ Matthäus 14, 22-33.

Und alsbald trieb Jesus seine Jünger, in das Boot zu steigen und vor ihm hinüberzufahren, bis er das Volk gehen liesse. Und als er das Volk hatte gehen lassen, stieg er allein auf einen Berg, um zu beten. Und am Abend war er dort allein. Und das Boot war schon weit vom Land entfernt und kam in Not durch die Wellen; denn der Wind stand ihm entgegen. Aber in der vierten Nachtwache kam Jesus zu ihnen und ging auf dem See. Und als ihn die Jünger sahen auf dem See gehen, erschraken sie und riefen: Es ist ein Gespenst! und schrien vor Furcht. Aber sogleich redete Jesus mit ihnen und sprach: Seid getrost, ich bin's; fürchtet euch nicht! Petrus aber antwortete ihm und sprach: Herr, bist du es, so befiehl mir, zu dir zu kommen auf dem Wasser. Und er sprach: Komm her! Und Petrus stieg aus dem Boot und ging auf dem Wasser und kam auf Jesus zu. Als er aber den starken Wind sah, erschrak er und begann zu sinken und schrie: Herr, hilf mir! Jesus aber streckte sogleich die Hand aus und ergriff ihn und sprach zu ihm: Du Kleingläubiger, warum hast du gezweifelt? Und sie traten in das Boot, und der Wind legte sich. Die aber im Boot waren, fielen vor ihm nieder und sprachen: Du bist wahrhaftig Gottes Sohn!

Wenn ein Lehrer will, dass seine Schüler weiterkommen, was macht er? Gibt er ihnen dann gleich die Lösung? Nein, er stellt ihnen Aufgaben, wie zB: *Wenn ein Zug von Zürich um 3 Uhr nachmittags mit einer Geschwindigkeit von soundso viel km abfährt: Wann kommt er dann in Bern an?* Genauso ist es mit unserem Glauben! Wir benötigen immer wieder Herausforderungen. Wir brauchen sie, damit wir weiterkommen. Damit unser Glauben Tiefgang bekommt. Dein Glauben bekommt gerade Tiefgang durch Widerstand!

Darum ist der erste Punkt: **W wie Widerstand.** Stelle dich bewusst Widerständen! Jesus möchte das ausdrücklich, dass du dies tust. Im Bibeltext heisst es darum: Jesus treibt regelrecht seine Jünger an, in das Boot zu steigen... Denn Jesus will, dass seine Leute vorwärtskommen. Deswegen lässt er es zu, dass sie immer wieder einmal Wellen und Wind ausgesetzt sind. Was sind deine derzeitigen Wind und Wellen? Vielleicht Probleme im Beruf, Stress mit bestimmten Situationen, Streit mit bestimmten Menschen? Was ist es bei dir? Was auch immer es ist: Stelle dich bewusst diesen Widerständen! Lass dich ermutigen, die Widerstände in deinem Leben als Chance zu begreifen. Denn viele Erfolge werden mitten im grössten Widerstand geboren. Martin Luther übersetzt das Neue Testament, als er verfolgt wird und sich auf der Wartburg verstecken muss. Die berühmten Schriftsteller Dostojewski und Tolstoj haben in ihrem Leben manche Leiden durchleben müssen. Und auf diesem Hintergrund schreiben sie ihre grossartigsten Romane.

Oder: Jeder hat schon mal was kopiert. Chester Carlson, Erfinder des Fotokopierers wird 20 Jahre lang ablehnt. Nur Absagen erhält er. Viele Demütigungen muss er ertragen, Hohn und Spott. Carlson gibt nicht auf. Er stellt sich allen Widerständen. Und die Firma Xerox macht aufgrund dieser Erfindung heute viele Millionen Franken Jahresumsatz. Denn kopiert wird immer, weltweit. Und darum: Lass auch du dich nicht aufhalten! Stelle dich bewusst Widerständen!

Schon vor 1600 Jahren hat der Kirchengelehrte Gregor von Nyssa das in etwa so gesagt: *Was dich verfolgt, bringt dich näher zum Ziel. Was dich bedrängt schiebt dich näher zu deiner Kraftquelle, zu Jesus Christus.* Also, in deinen Schwierigkeiten, stelle dir immer die Frage: In welche positive Richtung will der Herr dich jetzt durch diese Situation lenken? Frage Jesus Christus ständig: *Was willst du dabei von mir?* Wer von euch war schon einmal auf einer Fortbildungsveranstaltung? Denk daran: Schwierigkeiten sind Gottes Weiterbildungsmassnahmen, damit dein Glaube Tiefgang bekommt! Und darum: **W wie Widerstand.** Stelle dich bewusst Widerständen!

Nun das zweite W: **W-wie wagen.** Wage was!

Ich hatte einen Mitschüler, der oft andere verblüffte. Zum Beispiel sagte er: *Du, ich war letztes Wochenende in Papua-Neuguinea.* Ich darauf: *Mann, da warst du wirklich- an einem Wochenende? - Doch,* sagt er, *da war ich - aber nur mit dem Finger auf der Landkarte!* Da sieht man einmal mehr: Zwischen Theorie und Praxis ist ein meilenweiter Unterschied! Sei bereit, immer wieder praktische Erfahrungen im Glauben zu machen. Lerne auch du immer wieder deinen normalen Alltagstrott zu verlassen. Die Jünger im Boot wollen nichts riskieren. Und auch wir möchten zwar im Glauben wachsen und bleiben doch so oft im Boot sitzen. Wir trauen uns zu wenig zu. Mache das anders: Mache dir eine Liste mit folgenden drei Punkten: *Menschen-Ideen-Fähigkeiten.*

Überlege dir beim Punkt *Menschen*: Wen kannst du mal ansprechen, den du noch nie angesprochen hast? Wem bewusst anders begegnen? Wo solltest du endlich eine Beziehung klären oder mit jemanden ins Reine kommen? Wem kannst du deine Wertschätzung zeigen? Neulich lese ich: Manche Menschen wissen nicht, wie wichtig es ist, dass sie einfach da sind. Manche Menschen wissen nicht, wie gut es tut, sie zu sehen. Manche Menschen wissen nicht, wie wohltuend ihre Nähe ist. Manche Menschen wissen nicht, wie viel ärmer wir ohne sie wären. Manche Menschen wissen nicht, dass sie ein Geschenk des Himmels sind. Sie wüssten es - würden wir es ihnen sagen. -Wage es doch, sag es doch!

Oder beim Punkt *Ideen*: Welche Ideen schiebst du schon lange vor dir her? Wann hast du das letzte Mal etwas Neues gewagt? Wann hast du das letzte Mal im Vertrauen auf Jesus Christus neuen Boden betreten, den du noch nicht kanntest? Wann hast du zum letzten Mal etwas zum ersten Mal getan? Jedenfalls hat Petrus sie nicht: Die "Fliegenklatsche im Kopf", die spontane Ideen sofort totschlägt, wie: *Das bringt doch sowieso nichts. Das klappt doch nie.* Vielleicht denkst du auch, du bist zu schwach oder zu klein, um irgendetwas auszurichten. Von wegen zu klein und kannst nichts ausrichten! Versuch mal mit einer kleinen Stechmücke in einem geschlossenen Raum zu schlafen. Und um wie viel grösser bist du als eine Stechfliege!

Und schliesslich Punkt *Fähigkeiten:* Welche Fähigkeiten stecken in dir, die Gott dir gegeben hat und die du noch nicht richtig eingesetzt hast? Gehörst du zu denen, die gerne sagen: *Später, wenn ich mehr Zeit hätte, würde ich gern, dann könnte ich eventuell einmal dieses oder jenes tun...?* Viele wollen sich mit einem Talent, das Gott ihnen gegeben hat, später einmal beschäftigen. Später, wenn wir mehr Zeit haben, später wenn die Wirtschaftskrise vorbei ist, später wenn wir in Rente gehen, später wenn die Autobahn im Oberwallis endlich fertig ist, später wenn Weihnachten und Ostern auf einen Tag fallen.... Später - das ist die Bremse! Wie wäre es, wenn du deine Gaben ab sofort ernst nimmst? Und heute beschliesst, sie zu leben?

Habe Mut, dich auf deine Fähigkeiten ansprechen zu lassen. Lass dir es sagen von jemand in deiner Familie oder deiner Gemeinde: Welche von Gott gegebenen Möglichkeiten sieht man in dir. Gaben, die du brach liegen lässt? Notiere jeden guten Gedanken und jede Möglichkeit, die dir Gott zeigt. Und setze diese um! Es ist doch so: Petrus kommt in der Bibel normalerweise nicht so gut weg. Immer einmal kriegt er eins aufs Dach. Aber eins muss man ihm lassen: Er wagt was! Gerade in dieser Geschichte. In dieser Situation ist Petrus ein Vorbild. Er ist das, auch wenn er hier mit seinem Glauben 'baden gegangen' ist. Denn die anderen Jünger wagen währenddessen keinen einzigen Glaubensschritt. Wie Petrus darfst auch du immer wieder das schützende Boot deiner alltäglichen Gewohnheiten verlassen. Denn Jesus sagt hier nicht: *Komm, Petrus,* sondern nur *Komm*! Das Komm gilt also allen im Boot. In den anderen Jüngern im Boot steckt ebenfalls so viel an Potential. Das gilt auch für dich! Verlasse das Boot! Wage etwas, wenn dein Glaube Tiefgang bekommen soll!

W wie Widerstand. Stelle dich bewusst Widerständen! W-wie wagen. Wage was! Lasst uns noch einen dritten Punkt anschauen:

Was ist, wenn dich am Ende der Mut verlässt? Was ist, wenn was schief geht? Mitten drin verlässt Petrus ja eben dieser Mut. Dann ist jetzt eines ganz wichtig. Das dritte W:

W- wie wissen, an wen du dich wenden kannst. Wenn ich eine Veranstaltung in Zermatt habe und die Pfarrwohnung besetzt ist, laden mich Hoteliers oft ein, bei ihnen zu übernachten. Innen an der Zimmertür hängt er dann. Und du hast den sicher auch schon einmal gesehen, wenn du in einem Hotel gewohnt hast.- Nein, nicht die Preisliste für die Minibar. Sondern der Notplan für den Ernstfall. Der hängt da. Jeder Gast wird dadurch erinnert, was im Notfall zu tun ist. Aktiviere auch du in Krisenzeiten den göttlichen Notfallplan. Mache es wie Petrus. Denn der weiss in seiner Not eben dieses eine genau: An wen er sich wenden kann! Dazu sind drei Schritte nötig.

Erster Schritt: Gestehe dir deine Not ein! Petrus tut das. Schäme dich nicht, als *Kleingläubiger* angesehen zu werden. Lieber demütig gerettet werden, als stolz zu ertrinken! Dieses Eingeständnis von Petrus ist hier schliesslich die entscheidende Wende! Sage offen, Herr, so und so steht es um mich.

Zweiter Schritt: **Schau auf den Herrn!** Erfolgreiche Turnierreiter berichten: Wenn ein Reiter beim Hürdenspringen die Hürde anschaut, legt das Pferd vor der Stange eine Vollbremsung ein. Eventuell macht der Reiter noch einen unfreiwilligen Salto und der Wettbewerb ist für ihn zu Ende. Wenn er hingegen weiter nach vorne schaut, in den Bereich jenseits der Hürde, dann springt er mit seinem Pferd über das Hindernis hinweg. Mache es genauso. Starre nicht nur aufs Problem. Schau auf Jesus Christus, der dir Halt und Orientierung, Kraft und Hoffnung gibt. Der dir wie dem Petrus hilft, über deine Situation hinwegzukommen. Also: Der Blick auf Jesus Christus ist das Wichtigste!

Und noch ein dritter Schritt: **Lerne für die Zukunft!** Petrus versinkt. Doch dieses Versagen ist für Petrus eine Möglichkeit zu lernen. Jede Niederlage, jeder Rückschlag ist eine Chance für dich, etwas zu lernen, etwas zu erkennen, dich auf etwas Neues aufmerksam zu machen. Geh mit dieser Lernhaltung an jede Situation heran.

Vielleicht wirst du dabei wie Petrus auch versagen, aber du wirst hoffentlich daran wachsen. Das wünsche ich Dir.

Im Bibeltext heisst es am Ende: *Und als sie in das Boot gestiegen waren, legte sich der Wind. Die aber in dem Boot waren, warfen sich vor Jesus nieder und sprachen: Wahrhaftig, du bist Gottes Sohn!* Welch ein Vorrecht ist es auch für dich, diesen Herrn zu kennen. Mit ihm immer wieder im Glauben zu lernen. Und mit ihm neue Ufer zu erreichen.

Unser Thema war heute: Glauben mit Tiefgang.

Wir haben gehört, dass es dabei drei wichtige „W" gibt: **1. W- wie Widerstand. Stelle dich bewusst Widerständen! 2. W- wie wagen. Wage was! 3. W- wie wissen, an wen du dich wenden kannst.** Mit dieser Einstellung gehe mit Schwung und voller Vertrauen in die neue Woche. Amen.

„Entdecke Gottes Möglichkeiten!“ Matthäus 25,14-30.

Von den anvertrauten Zentnern

Denn es ist wie mit einem Menschen, der ausser Landes ging: er rief seine Knechte und vertraute ihnen sein Vermögen an; dem einen gab er fünf Zentner Silber, dem andern zwei, dem dritten einen, jedem nach seiner Tüchtigkeit, und zog fort. Sogleich ging der hin, der fünf Zentner empfangen hatte, und handelte mit ihnen und gewann weitere fünf dazu. Ebenso gewann der, der zwei Zentner empfangen hatte, zwei weitere dazu. Der aber einen empfangen hatte, ging hin, grub ein Loch in die Erde und verbarg das Geld seines Herrn. Nach langer Zeit kam der Herr dieser Knechte und forderte Rechenschaft von ihnen.

Da trat herzu, der fünf Zentner empfangen hatte, und legte weitere fünf Zentner dazu und sprach: Herr, du hast mir fünf Zentner anvertraut; siehe da, ich habe damit weitere fünf Zentner gewonnen. Da sprach sein Herr zu ihm: Recht so, du tüchtiger und treuer Knecht, du bist über wenigem treu gewesen, ich will dich über viel setzen; geh hinein zu deines Herrn Freude!

Da trat auch herzu, der zwei Zentner empfangen hatte, und sprach: Herr, du hast mir zwei Zentner anvertraut; siehe da, ich habe damit zwei weitere gewonnen. Sein Herr sprach zu ihm: Recht so, du tüchtiger und treuer Knecht, du bist über wenigem treu gewesen, ich will dich über viel setzen; geh hinein zu deines Herrn Freude!

Da trat auch herzu, der einen Zentner empfangen hatte, und sprach: Herr, ich wusste, dass du ein harter Mann bist: du erntest, wo du nicht gesät hast, und sammelst ein, wo du nicht ausgestreut hast;

und ich fürchtete mich, ging hin und verbarg deinen Zentner in der Erde. Siehe, da hast du das Deine. Sein Herr aber antwortete und sprach zu ihm: Du böser und fauler Knecht! Wusstest du, dass ich ernte, wo ich nicht gesät habe, und einsammle, wo ich nicht ausgestreut habe? Dann hättest du mein Geld zu den Wechslern bringen sollen, und wenn ich gekommen wäre, hätte ich das Meine wiederbekommen mit Zinsen. Darum nehmt ihm den Zentner ab und gebt ihn dem, der zehn Zentner hat.

Denn wer da hat, dem wird gegeben werden, und er wird die Fülle haben; wer aber nicht hat, dem wird auch, was er hat, genommen werden. Und den unnützen Knecht werft in die Finsternis hinaus; da wird sein Heulen und Zähneklappern.

Wir schreiben das Jahr 1974. Art Fry ist es endgültig leid. Ständig fallen ihm bei den Proben im Kirchenchor seine Merkzettel aus dem Gesangbuch. Mit Haftzetteln wäre das Problem gelöst, denkt sich der Chemiker. Diese müssten sich aber ohne Spuren wieder entfernen lassen. Aber wie soll das gehen? Während eines Gottesdienstes bekommt er folgenden Einfall: *Er könnte doch seine Merkzettel mit einem schwachen Klebstoff versehen.* Gesagt, getan. Schliesslich präsentiert Fry diese gelben Haft-Merkzettel sogar seinem Chef. Der ist skeptisch und schreibt auf das Post-it: *Das ist doch nur ein klebriges Stück Papier* und schickt es Fry schlecht gelaunt zurück. Aber Fry lässt sich nicht von seiner Entdeckung abbringen. Die Hartnäckigkeit des Erfinders hat sich bezahlt gemacht. Nach vielen Monaten Hin und Her erkennt die Firma das Potenzial der Entdeckung. Heute macht seine Firma mehrere 100 Millionen Franken Umsatz im Jahr. Dieser Mann wurde zum Entdecker. Und genau, dass darfst auch du tun! Das ist der erste Punkt: Werde zum Entdecker! **Entdecke Gottes Möglichkeiten bei dir!**

Denk an unseren Bibeltext. Ein Chef versammelt drei seiner Mitarbeiter um sich und vertraut ihnen riesige Möglichkeiten an. Ein Zentner Silber sind 15 Jahresgehälter. Das sind atemberaubende Summen. Und selbst der dritte Mann in unserer Geschichte kann aus einem enorm grossen Potential schöpfen. Genauso hat Gott dir viele Möglichkeiten gegeben.

-1. Da ist der Schatz, den wir alle haben: Da ist die Bibel, das Wort Gottes in der Bibel, die Reformation hat es wiederentdeckt, was lange vergraben gewesen ist! Was steckt da alles drin für dich an Möglichkeiten! Nur ein paar Kapitel weiter vor unserem heutigen Text steht: *Wenn ihr Glauben habt, wird euch nichts unmöglich sein.*

-2. Da sind natürliche Gaben: musikalische, handwerkliche, technische. Manchmal schenkt Gott uns auch lustige Sachen: Mein Urgrossvater war Lokomotivführer und verblüffte Fahrgäste und Kollegen damit, dass er mit seiner Zunge seine Nasenspitze berühren konnte. Viele Leute, die schlecht drauf waren, hat er dadurch zum Lachen gebracht.

-3. Dann hat jemand auch ganz besondere Möglichkeiten von Gott bekommen, spezielle geistliche Talente (so heissen die Zentner im Griechischen). Geistliche Talente: zB lehren, leiten, trösten, helfen, heilen.

-4. Da sind zudem dein Wissen und dein Besitz. Deine Lebenserfahrung.

Alles das sind Gottes Möglichkeiten, die er in dich hineinlegt. So wie du hat in dieser Geschichte jeder seine Fähigkeiten!

-Habe Mut, dich von anderen auf Gottes Möglichkeiten ansprechen zu lassen. Möglichkeiten, die du brach liegen lässt.

-Notiere jeden guten Gedanken und jede Möglichkeit, die dir Gott zeigt. Hat oder hatte jemand von euch schon einmal den Berufswunsch gehabt *Hebamme* zu werden? Seien wir Hebammen beim Gabenentdecken bei anderen! Im Januar diesen Jahres brachte eine Frau in einem Flug nach Neu Delhi ein Kind zur Welt. Die Besatzungsmitglieder wurden zu Geburtshelfern. Über das Satellitentelefon bekamen sie Hilfe von einem Arzt, der sagte: *Ihr könnt das, ihr schafft das!* Und er sagte, was sie machen sollten. -Werde auch du zum Geburtshelfer:

-Habe Mut andere anzusprechen. Oft kritisieren wir unsere Mitmenschen und halten ihnen ihre Fehler vor. Wir achten mehr auf die schlechten Angewohnheiten, als dass wir auf deren gute Seiten und Möglichkeiten sehen, die Gott in sie gelegt hat. Mache es ab heute anders!

Also, das ist Punkt eins: **Entdecke Gottes Möglichkeiten!** Bei dir und bei anderen.

Jetzt kommt der Punkt 2: Er ist der Überflieger: Der Formel-1-Pilot Lewis Hamilton. Er ist der erste farbige Rennfahrer in der Königsklasse des Motorsports. Er sagt: *Gott gab mir das Talent zum Fahren und ich will es unbedingt nutzen.* Und genauso ist das bei uns. Nicht dass wir jetzt alle Formel-1-Piloten werden müssen. Aber nutze deine Möglichkeiten, die Gott dir bietet. Vergrabe sie nicht, wie der dritte Mann. **Nutze Gottes Möglichkeiten!**

Der jüdische Schriftsteller Martin Buber erzählt in einer kleinen Geschichte folgendes: *Gott wird dich später nicht fragen, warum bist du nicht wie Abraham oder Mose gewesen, sondern er wird dich fragen: Warum bist du nicht du selbst gewesen?* So sollst auch du nach Gottes Vorstellung 100% der sein, wozu er dich bestimmt hat- und nicht weniger! Wo 100% Fruchtsaft drinsteckt, sollte auch 100% Fruchtsaft drin sein- genauso bei dir! Versuche nicht wie die anderen zu werden: Davon gibt es schon genug- sei 100% du. Gott fragt dich: *Ist bei dir auch 100% das drin, was ich dir gegeben habe?*

Jesus will seine Leute mit dieser Geschichte nicht fertig machen. Sondern da ist die starke Ermunterung drin: *Nutze dein Potential, das Gott in dich hineingelegt hat!* Das ist das Ziel!

Entfalte dein künstlerisches, handwerkliches, sportliches, sprachliches oder geistiges Talent! Was es auch ist, entfalte es: Auf diese Weise ehrst du Gott, der dich dazu befähigt.

Alles ist ja heutzutage auf Sicherheit bedacht. Das ist auch gut so. Ein Sicherheitsgurt ist sinnvoll. In Bezug auf Gottes Möglichkeiten solltest du es aber anders machen! Stell dir vor, es gab neulich eine Umfrage unter Hochbetagten: *Was würdet ihr tun, wenn ihr euer Leben noch einmal beginnen könntet?* Antwort: *Wir würden riskanter leben! Wir würden mehr wagen, mehr einsetzen von dem, was in uns steckt!* -Wie sieht das bei dir aus? Mache doch auch mal was Unerwartetes, setze eine neue Idee um.

Arno Backhaus (Liedermacher, Aktionskünstler und Christ) überrascht andere, wie er seinen Glauben lebt. Arno Backhaus setzt sich zB in die Fussgängerzone mit einem Hut, da drin sind jede Menge Münzen und er stellt dazu folgendes Schild auf: *Nimm dir was raus!* Im Gespräch mit staunenden Passanten sagt er: *Ich habe so viel von Gott bekommen, da gebe ich gerne was ab.* -Er hat dadurch Supergespräche über den Glauben!

Es gibt so viele Möglichkeiten, um dein Potential zu nutzen. Mache etwas aus den Möglichkeiten, die Gott in dir angelegt hat. Nicht verbissen, sondern kreativ und mit Freude!

Die Geschichte hier im Bibeltext läuft ja hinaus auf die Freude. *Heulen und Zähneklappern* ist keine echte Alternative für uns! Automatisch darf das doch geschehen, dass wir Gottes Möglichkeiten nutzen! So, wie es auch Paulus sagt: *Gott schafft das Wollen und Vollbringen!* Und darum: Tu, was du kannst, mit dem, was du hast, dort, wo du bist." Nutze jeden Tag als Gelegenheit deine Gott gegebenen Gaben einzusetzen! Wie kann sich doch unsere Kirche erneuern, wenn wir das alle ab heute tun!

Und zuletzt: **Vermehre Gottes Möglichkeiten bei dir!** Die ersten beiden Männer bekommen ja nach ihrem positiven Einsatz noch mehr Mittel, um Gottes Möglichkeiten zu vermehren: Vermehre Gottes Möglichkeiten bei dir! Nimm dazu die Gabenbremsen weg! Das sind negative Einreden von dir oder anderen: Was wäre aus der Reformation geworden, wenn Luther, Zwingli und Calvin auf die negativen Einreden oder ihre eigenen Selbstzweifel gehört hätten? Es gäbe keine reformierte Kirche, wir hätten keine Bibel in unserer Muttersprache. Was du durch Gott als richtig erkannt hast, tue darum wie die beiden ersten Männer in unserem Bibeltext.

Weitere Gründe um Gottes Möglichkeiten zu vergraben sind Ausreden: Im Text wird behauptet, Gott ist schuld! Der dritte Mann sieht Gott nur als Fordernden, und nicht als Gebenden. Stimmt ja gar nicht! Gott hat ja gegeben! Schluss mit solchen und allen anderen Ausreden, wie: *Ich bin zu alt, ich bin zu jung. Ich habe zwei linke Hände. Die Umstände sind schuld.* -Wir langweilen uns oft gegenseitig mit Begründungen, warum etwas nicht geht.

Hör auf, deine Energie dafür zu verschwenden, warum was nicht funktioniert, nicht klappt. Versuch es doch erst einmal! Achte einmal darauf, welche Ausreden du in den nächsten Wochen häufig verwendest, schreib sie auf, dann kannst du ihnen bewusster begegnen.

Oder da ist das Kleindenken:

Es ist vor 180 Jahren. Bei einem Experiment verrührt der britische Apotheker John Walker Gummi, Stärke, Schwefelsäure und Kaliumchlorat. Aus Versehen tritt er in das Zeug hinein. Mit seinem Schuh will er die Masse vom Rührstab abstreifen. Überraschend entsteht dabei eine Flamme. Das Zündholz war erfunden! Freunde drängten ihn, ein Patent anzumelden. Doch Walker meinte, seine Idee sei nicht wichtig genug. Klassischer Fall von SUS: Selbstunterschätzung! Schluss damit, auch für dich! Wer seine Talente erkennt und sie nutzt, wird immer mehr damit anfangen können. Unser Bibeltext zeigt: Gott traut uns zu, dass sich seine Möglichkeiten bei uns glatt verdoppeln. 100% Rendite. Grossartig! Diese Geschichte will uns motivieren, zu Möglichkeitsdenkern zu werden. Und darum: **Entdecke deine Möglichkeiten! Nutze deine Möglichkeiten! Mehre deine Möglichkeiten!**

Denn dein Leben ist kostbar - mache etwas daraus! Amen.

„Was tun in den Stürmen des Lebens?“ Markus 4, 37-40

Und es erhob sich ein grosser Windwirbel, und die Wellen schlugen in das Boot, so dass das Boot schon voll wurde. Und Jesus war hinten im Boot und schlief auf einem Kissen. Und sie weckten ihn auf und sprachen zu ihm: Meister, fragst du nichts danach, dass wir umkommen? Und er stand auf und bedrohte den Wind und sprach zu dem Meer: Schweig und verstumme! Und der Wind legte sich, und es entstand eine grosse Stille. Und er sprach zu ihnen: Was seid ihr so furchtsam? Habt ihr noch keinen Glauben?

Neulich lese ich eine Geschichte. Diese Geschichte handelt auch von einem Schiff. Und wie in unserem Bibeltext gerät dieses Schiff in einen heftigen Sturm. Die Besatzung besteht aus erfahrenen Seeleuten. Sie wissen, wie sie sich zu verhalten haben. Was aber Furcht aufkommen lässt, ist der plötzliche heftige Lärm unter Deck. Sie hören ein schreckliches, ein lautes Krachen. Was ist passiert? Eine grosse Kanone hat sich gelöst und rutscht mit ihrem Gewicht von mehreren 100 kg gegen die Schiffswände. Den Seeleuten ist sofort klar, dass die grösste Gefahr nun nicht vom Sturm ausserhalb des Schiffes ausgeht. Sondern vom Sturm im Inneren, das ist jetzt das entscheidende Problem. Und das gilt auch für uns alle.

Schwierige äussere Umstände sind das eine. Aber was in unserem Inneren geschieht- das ist das Entscheidende. Und darum: **Achte auf deine Einstellung**! Das ist das Erste. Denn deine innere Einstellung ist entscheidend. In allen Stürmen deines Lebens achte auf deine Einstellung. Die Jünger in unserem Bibeltext machen die Situation durch ihre Einstellung noch schlimmer als sie schon ist. In schwierigen Situationen, in den Stürmen deines Lebens, ziehe dich nicht selbst noch zusätzlich nach unten. Schöpfe kein zusätzliches Wasser in dein Lebensboot. Mache vielmehr folgendes:

Aktiviere den göttlichen SOS-Notfallplan! SOS ist allgemein bekannt als Abkürzung für Save our Souls („Rettet unsere Seelen”). Als Christ kannst du das aber auch anders buchstabieren.

S wie sieh: Sieh alle die Hilfen, die Gott dir schon hat zukommen lassen. Das ist nämlich der Fehler der Jünger, dass sie das vergessen haben. Die Jünger haben in den Kapiteln vor diesem Sturm schon so viel Positives erlebt: eine ganze Reihe von

Heilungen und Hilfen und Segnungen, wo der Herr eingegriffen und geholfen hat! Sie kennen doch Jesus. Sie wissen doch um seine Kraft.

Doch in ihrer Panik haben die Jünger das jetzt alles zur Seite geschoben. Darum schreien die Jünger ja verzweifelt: *Meister, fragst du nichts danach, dass wir umkommen?* Das ist ein vorwurfsvoller, verzweifelter Ton, anstatt des zu erwartenden Vertrauens. Mache du das anders. Und deswegen S wie sieh. Sieh auch du, was Gott schon alles für dich getan hat. Durch wie viele Notlagen bist du schon durchgekommen? Ja: S wie sieh auf dein bisheriges von Gott getragenes Leben. Geh deine Kindheit durch. Geh deine Jugendzeit durch. Geh deine Zeit als Erwachsener durch. Denke an die letzten Jahre. Wie oft warst du da vielleicht schon so manches Mal verzweifelt? Du hattest vielleicht Zeiten schwerer Krankheit. Oder: Du hattest Berge voller Arbeit. Und doch ging es weiter- Dank seiner Hilfe. Dank Gottes Hilfe!

Schau mal, Gott hat dich schon so weit gebracht, bis zum heutigen Tag. Da hast du doch allen Grund, ihm weiter zu vertrauen. Und darum: S wie sieh: Sieh alle die Hilfen, die Gott dir schon hat zukommen lassen.

Und nach dem S kommt bei SOS das O. O wie ohne Furcht. Sei ohne Furcht! *Was seid ihr so furchtsam?* fragt Jesus seine Jünger. Jesus will seinen Leuten Gelassenheit vorleben. Genau darum schläft Jesus. Nicht nur, weil er so einen anstrengenden Tag hatte, das vielleicht auch. Doch will Jesus seinen Leuten vor allen Dingen eines zeigen: Es gibt keinen Grund zur Furcht. Konnte das Schiff, in dem Jesus war, untergehen? –Niemals!!! Denke selbst daran: Wenn Gott, wenn Gottes Sohn, in deinem Lebensboot ist, was kann dir dann letztlich passieren? Sei ohne Furcht! Geh mit deinem Gott an deiner Seite ruhig und gezielt in deine Stürme und Herausforderungen hinein. Wir dürfen doch in allen unseren Kämpfen erkennen, wer da Gott ist, wer der eigentliche Herr unserer Lage ist und bleibt. Darauf lasst uns konzentrieren.

Und das führt schon zum dritten Buchstaben von SOS. Es ist wieder ein „S“ und steht für S wie Sorgenloslassen: Zwei Vögel unterhalten sich. Sagt der eine: *Ich wüsste wirklich gerne, warum die Menschen sich so viel sorgen.* Da spricht der andere: *Es muss wohl daran liegen, dass die Menschen im Gegensatz zu Vögeln keinen himmlischen Vater haben, der für sie sorgt.*- Aber, liebe Freunde, den haben wir doch! Wir vergessen das oft nur! Erinnere dich daran: Wenn du bewusst Christ bist, hast du doch einen Vater im Himmel. Du hast einen Vater im Himmel, der für dich da ist. Höre auf seine Worte! Gib Gott regelmässig deine Sorgen in die Hände und in den Stürmen deines Lebens erst recht. Das ist wirklich die rechte Einstellung. Also, das erste ist: **Achte auf deine Einstellung!**

Und jetzt noch das Zweite: **Schau auf Gottes Möglichkeiten!** Es gibt kein Element, keine Kraft, keinen Sturm in deinem Leben, die Gottes Wort Widerstand leisten können. Darum ist Jesus der, der im Namen seines Vaters Sturm und Wellen Einhalt gebietet!

Packe mit seiner Hilfe auch dir unmöglich erscheinende Sachen an. Und du wirst sehen, Gott weckt seine Kräfte in dir. Folgende Geschichte hat sich vor einigen Jahren so zugetragen: Ein hilfsbereiter Mann unterstützt eine Frau beim Reifenwechsel. Während er am Auto herumhantiert, kommt ein anderes Fahrzeug von der Strasse ab und rammt das Auto, wo der Mann gerade dran arbeitet. Das vordere Auto schiebt sich auf den Mann. Ein Daumen wird ihm abgetrennt, seine Rippen brechen und sein linker Lungenflügel beginnt sich mit Blut zu füllen. Die Frau, die dabei steht, ist nur 1,55 m klein. Sie fasst- ohne gross nachzudenken- die Stossstange des Autos und betet folgende vier Worte: *Im Namen von Jesus*- und dann schiebt sie den grossen Wagen zur Seite, dass der Mann frei ist. Die Frau fasst es hinterher selbst kaum, wie sie das schaffen konnte und woher sie diese Kräfte bekommen hat. Diese Geschichte ist tatsächlich so passiert. Was Gott in uns für Kräfte wecken kann! Der Mann ist übrigens Professor an einer Universität, ein an sich kritischer Mensch. Doch er findet durch dieses Erlebnis Zugang zum Glauben. Ja, schau auf Gottes Möglichkeiten. Sag auch du in deinen eigenen Alltagssituationen nicht vorschnell: *Das ist unmöglich.* Sondern mache folgendes:

-Packe die Situationen mutig an, die sich dir stellen.

-Vertraue Gott, dass sein Geist dir dabei helfen wird.

-Stärke dich mit Gottes Worten.

-Reinige vor allem deine Gedanken von allem Kleindenken. Halte nicht an negativen Erfahrungen fest.

-Wage regelmässig kleine Glaubens-Schritte und habe keine Angst.

-Schau eben auf Gottes Möglichkeiten!

Jesus sagt seinen Jüngern: *Habt ihr denn keinen Glauben?* Viele Ausleger meinen nun, dass Jesus hier seine Jünger wegen ihres Verhaltens ausschliesslich tadelt. Das ist nur eine Seite. Jesus versetzt hier seinen Jüngern und uns allen hier auch einen gewaltigen positiven Stoss. Er stachelt sie und uns alle in positiver Weise an. Es ist so, als ob Jesus sagen möchte: *He, Leute, denkt doch dran, es gibt mich, euren Herrn!* Beachte in den Stürmen des Lebens zwei Dinge:

1. Achte auf deine Einstellung. 2. Schau auf Gottes Möglichkeiten.

Wenn du das tust, dann wirst du die Stürme deines Lebens ganz sicher bestehen, ja durch sie weiterkommen! Amen.

Predigt zum Palmsonntag (m. Taufe): „Positiv Christsein." Markus 14, 3-9.

Und als Jesus in Bethanien war, in dem Hause Simons des Aussätzigen, kam, während er zu Tisch lag, eine Frau, die ein Alabasterfläschchen mit Salböl von echter, kostbarer Narde hatte; sie zerbrach das Fläschchen und goss es aus auf sein Haupt. Es waren aber einige bei sich selbst unwillig: Wozu ist diese Verschwendung des Salböls geschehen? Denn dieses Salböl hätte für mehr als dreihundert Denare verkauft und den Armen gegeben werden können. Und sie fuhren sie an. Jesus aber sprach: Lasst sie! Sie hat ein gutes Werk an mir getan; denn die Armen habt ihr allezeit bei euch, und wenn ihr wollt, könnt ihr ihnen wohltun; mich aber habt ihr nicht allezeit. Sie hat getan, was sie konnte; sie hat im Voraus meinen Leib zum Begräbnis gesalbt. Aber wahrlich, ich sage euch: Wo das Evangelium gepredigt werden wird in der ganzen Welt, wird auch von dem, was sie getan hat, geredet werden zu ihrem Gedächtnis.

Unser Thema heute: **„Positiv Christ sein."** Und der erste Punkt dazu ist folgender: **Falle aus dem Rahmen!** Wie diese Frau in unserem Bibeltext: Diese Frau verhält sich völlig anders, als man es von ihr erwartet. Sie taucht in einer reinen Männergesellschaft auf. Denn die Männer bleiben beim Festmahl in Israel normaler Weise unter sich. Frauen dürfen nur vorbereiten und servieren. Liebe Tauffamilie: Ich nehme an, dass bei eurer Tauffeier das heute anders ist. Weiter: Diese Frau ist total grosszügig. Sie giesst über Jesus ein teures, super-besonderes Salböl. Diese Frau lebt ihren Glauben direkt 1 zu 1, voller Liebe und Leidenschaft. Allen Anwesenden mag darüber fast das Weinglas aus der Hand fallen.- Aber Jesus liebt dieses aus dem Rahmenfallen. Seine positive Reaktion auf die Frau will auch dich zu dazu ermutigen: Fall aus dem Rahmen! Leben wir das auch unserem Taufkind vor: Positiv Christsein heisst: im Namen von Jesus aus dem Rahmen zu fallen! Denn diese Welt braucht Menschen, die die normale Routine durchbrechen. Frage dich regelmässig: Wo kannst du dich anders verhalten, als man es sonst von dir erwartet?

Wo kannst du aus deinem Glauben heraus grosszügig sein?

Wo kannst du Balsam für deine Umgebung sein?

Wo kannst du Wertschätzung bei jemand zeigen, der das schon lange einmal verdient hat?

Wo kannst du deinen Glauben direkt und leidenschaftlich leben:

In deiner Strasse? Unter deinen Kollegen? An deinem Arbeitsplatz?

Falle aus dem Rahmen! Denke daran: Jesus selbst ist der grösste Aus-Dem-Rahmen-Faller der Weltgeschichte: Jesus hat die ungewöhnlichsten Dinge getan.

Er hat Wein zu Wasser verwandelt und nicht umgekehrt. Da sind wir ihm heute im Weinland Wallis noch dankbar dafür.

Oder: Heute am Palmsonntag reitet Jesus als König in Jerusalem ein. Auf einem Esel! Das sprengt jeden Rahmen- ein König auf einem Esel. Stelle dir vor, die Queen rollt auf einem Kinderfahrrad im Buckingham-Palast ein. So kannst du das annähernd vergleichen.

Aber das ist alles noch gar nichts! Schau, wie weit Jesus geht! Schau, wie weit er beim Aus-Dem-Rahmen-Fallen geht: Schau auf das Kreuz!. Das Kreuz steht für Jesus. So sehr ist er für dich aus dem Rahmen gefallen. ER hat sich für dich ans Kreuz schlagen lassen, um dich zu retten, dich zu erlösen.

Komm, falle auch DU aus dem Rahmen. Sei anders wie die Masse der Menschen, die Jesus nur dem Namen nach kennen. Mache ganze Sache mit ihm. Komm noch heute zu ihm und vertraue ihm dein Leben an.

Und nun das Zweite: Bitte hebt einmal die Hand: Wer von euch hat ein Motorrad? Neulich höre ich von einem Mann. Der Mann verkauft spontan sein geliebtes Motorrad für seine Freundin. Er will seiner Freundin einen Diamanten schenken. Das ist fast so, wie wenn ein Cowboy sein Pferd hergibt. Auch wenn du kein Cowboy bist und kein Motorrad hast und auch keine Freundin- trotzdem das ist ein Beispiel fürs Spontansein.

Das ist auch das Zweite: **Handle spontan!** Denn auch das gefällt Jesus. Darum lässt es Jesus spontan zu, dass diese Frau ihn salbt. Und nicht nur ein paar Tropfen von diesem teuren Salböl giesst die Frau aus. Nein, alles giesst diese Frau spontan über Jesus aus. Jesus sagt dazu: *Diese Frau hat meinen Leib im Voraus für mein Begräbnis gesalbt.* Jesus denkt da schon an den kommenden Karfreitag. Und was da Jesus für dich tut, dafür kann auch die grösste Menge, kann auch das teuerste Öl nur ein kleines bescheidenes Zeichen sein. Was Jesus am Kreuz für dich tut, ist unbezahlbar. Jesus schlägt dadurch die Brücke zu Gott, seinem Vater. Jesus nimmt alle deine Lasten und deine Schuld auf sich. Jesus macht für dich den Weg frei fürs ewige Leben. Und du darfst jederzeit spontan zu ihm kommen. Handle auch da spontan! Sage unserem Herrn heute alles, was du auf dem Herzen hast. Deine ganzen Sorgen. Deine Schmerzen. Deine offenen Fragen. Dieser Jesus tut so viel für dich! Wer will da anfangen, zu rechnen?

Liebe Tauffamilie! Das denkt ihr doch sicher auch selbst so: Besondere Momente sollten besonders begangen werden. Das ist auch heute so bei der Taufe. Ihr habt keine Kosten und Mühen gescheut, dass das heute ein schöner Festtag für euch wird. Spontan habt ihr bei unserem Taufgespräch die Idee gehabt, dass ihr einen Apero ausgeben werdet. Es ist doch so: In besonderen Momenten treten andere wichtige Sachen zurück. Darum sagt Jesus: *Arme habt ihr allezeit bei euch!* Klar wollen wir etwas für die Armen tun. An sie denken. Für sie beten. Sie finanziell unterstützen. Heute ist die Kollekte für Menschen in Kamerun. Da kann jeder etwas tun. Das eine schliesst das andere nicht aus!

In jedem Fall, handle spontan und frage dich regelmässig: Wo kannst du selbst spontan im Namen von Jesus etwas tun? Suche Gelegenheiten, seine Liebe auch so spontan weiterzugeben, wie diese Frau-ohne gross zu überlegen oder hin und her zu rechnen.

Oft lesen und hören wir von Attentaten. Mit Bomben, Krieg und Terror. Ich rufe euch heute auch dazu auf: *Werde auch du zum Attentäter!* Jawohl, ein Attentäter sollst du werden. Aber zu einem ganz anderen, als es die Welt sonst gewohnt ist. Verübe spontane Attentate der Liebe. Im Namen von Jesus rufe ich dich dazu auf: Handle spontan!

Stell dir vor: ein junger Mann geht in ein Geschäft. Er kauft einen schönen Blumenstrauss für seine Frau. Eine ältere Frau bewundert die schönen Blumen. Sie sagt: *Mein Mann hat mir früher auch öfters Blumen mitgebracht. Aber jetzt ist er seit Jahren tot.* Und sie schaut traurig zu Boden. Tränen schimmern in ihren Augen. Dann verlässt sie schnell das Geschäft. Der junge Mann bezahlt die Blumen und dann schickt ihm Gott folgende Idee: *Lauf schnell nach und schenke die Blumen dieser Frau. Deiner Frau bringst du ein anderes Mal welche mit.* Der junge Mann läuft zum Parkplatz und findet die Frau und sagt: *Ihr Mann kann es nicht mehr tun, was ich jetzt tue: Darum möchte ich Ihnen diese Blumen schenken.* -Ist das nicht eine spontane, tolle Aktion?

Sag viel öfters: *Warum nicht? Warum nicht jetzt/heute spontan etwas von Jesu Liebe an weitergeben?* Handle auch du so spontan! Lass dir von Gott dazu gute Ideen schenken! Und setze sie auch direkt um.

Unser Thema heute: **„Positiv Christ sein.“** Zwei Punkte haben wir schon dazu genannt. **Falle aus dem Rahmen! Handle spontan!**

Und das Dritte ist: **Setze positive Duftmarken!** Setze Duftmarken wie diese Frau. Stell dir das vor: Die Frau schüttet das kostbare Salböl über Jesus aus. Ein herrlicher Duft verbreitet sich im Raum. Das darf auch in deinem Leben so sein. Im Neuen Testament steht, wir dürfen ein Wohlgeruch für unsere Umgebung sein.

Überlege dir jetzt einmal: Wenn ein Parfüm nach dir benannt würde, wie würde diese Marke heissen? *Egoist* (diese Marke gibt es wirklich)? Oder: *Pessimist?* Oder *Unzufriedenheit?* Von diesen Duftsorten gibt es schon genug. Mache es lieber wie diese Frau: Ihr Parfüm heisst *Dankbarkeit.* Das ist ein positiver Duft.

Wir wünschen doch, dass unser Taufkind glücklich wird. Leben wir ihm darum Dankbarkeit vor. Damit es selbst ein dankbarer Mensch wird. Es gibt keine dankbaren Menschen, die unglücklich sind. Lehren wir daher unserem Taufkind, wie man Dankbarkeit lebt und verbreitet!

Sieben Tage hat die neue Woche. Nimm dir vor an jedem Tag im Namen von Jesus ein Zeichen der Dankbarkeit zu setzen: durch ein Gebet, durch einen Krankenbesuch, durch ein besonderes Geschenk. Durch was auch immer! Tu es im Namen von Jesus. Aus deiner Liebe zu ihm.

Jesus sagt: Von dieser Frau wird man immer weitererzählen. Das darf auch bei dir so sein. Und darum**: Fall aus dem Rahmen! Sei spontan! Setze positive Duftmarken!** So lebst du ein ansteckendes Christsein. Gott segne dich dazu. Amen.

Predigt zum 1. Advent: „Advent, deine Chance." Lukas 1, 67-79.

Gepriesen sei der Herr, der Gott Israels!

Denn er hat sich seines Volkes angenommen und ihm Erlösung verschafft und uns aufgerichtet ein Horn des Heils im Hause Davids, seines Knechtes, wie er es versprochen hat durch den Mund seiner heiligen Propheten von Ewigkeit her,

uns zu retten vor unseren Feinden und aus der Hand aller, die uns hassen, Barmherzigkeit zu erweisen unseren Vätern und seines heiligen Bundes zu gedenken, des Eides, den er unserem Vater Abraham geschworen hat, uns zu gewähren, dass wir, errettet aus der Hand der Feinde, ihm ohne Furcht dienen in Heiligkeit und Gerechtigkeit vor ihm all unsere Tage.

Und du, Kind, wirst Prophet des Höchsten genannt werden, denn du wirst vor dem Herrn hergehen, seine Wege zu bereiten, Erkenntnis des Heils zu geben seinem Volk durch die Vergebung ihrer Sünden, aufgrund des herzlichen Erbarmens unseres Gottes, mit dem das aufgehende Licht aus der Höhe uns besuchen will, um zu leuchten denen, die in Finsternis und Todesschatten sitzen, um zu lenken unsere Füsse auf den Weg des Friedens.

Ein Mädchen sagt zu seiner Mutter: *Ich wünsche mir zu Weihnachten so sehr ein Pony!* Darauf die Mutter: *In Ordnung, mein Kind. Du bekommt eines. Morgen gehen wir zum Haareschneiden.* -So kann es passieren. Wir Menschen können etwas missverstehen. Ganz anders ist das bei Gott! Ihn kannst du 1zu 1 beim Wort nehmen. Schon von Urzeiten, von Abraham an. Und Gott hat sogar geschworen, dass er uns höchst persönlich besuchen will. Mit der Geburt von Jesus löst Gott dieses Versprechen ein.

Unser Thema: **„Advent, deine Chance."** Und der erste Punkt ist: **Nutze die Chance, Gott beim Wort zu nehmen!** Aktiviere den Stier in dir! Im Text ist von Jesus als Horn des Heils die Rede. Da ist an die Hornkraft eines Stiers gedacht. Wenn du an Jesus Christus glaubst, dann trägst du seine Kraft in dir. Du darfst tatsächlich auf Stierpower bauen. Dann fliesst Stierblut in dir. Denke mal an die Walliser Ehringer Kühe. Robust und selbstbewusst kommen die da her. Erst neulich parke ich mein Auto in der Nähe einer Weide mit diesen beeindruckenden Tieren. Ich steige aus.

Sofort kommen zwei dieser Energiepakete auf mich zu. Obwohl ein Zaun dazwischen ist, weiche ich respektvoll zwei Schritte zurück. Diese Tiere schreckt nichts. Und so darf das doch auch bei dir sein. In schwierigen Situationen, die dir in der nächsten Zeit begegnen: Geh alles mutig an! In der Schule, auf der Arbeit, zu Hause. Nimm den Herrn bei seinem Wort. Und wenn du dich mal wieder wie ein Zwergkaninchen fühlst, denk an das Horn. Aktiviere den Stier in dir. Nutze die Chance, Gott beim Wort zu nehmen! Denn ER will dich beschenken, wie Zacharias in unserem Bibeltext!

Und nun das Zweite: **Nutze das Licht von oben!** Das Licht von oben, von dem Zacharias hier spricht, ist Jesus Christus. Nutze sein Licht--um dunkle Flecken hell zu machen. Gerade auch darum kommt ja Jesus zu uns. Er hilft dir dabei, dich zu ändern, wo es nötig ist. Damit du befreit deinen Weg weiter gehen kannst. Wichtig ist, dass du zu deinen Flecken stehst. Das ist nicht immer einfach:

Die folgenden Zitate stammen aus einer Sammlung einer Schweizerischen Versicherung. Es sind tatsächliche schriftliche Äusserungen von Versicherungsnehmern: Da heisst es zum Beispiel:

Im hohen Tempo näherte sich mir die Telegraphenstange. Ich schlug einen Zickzackkurs ein, aber dennoch traf mich die Telegraphenstange am Kühler meines Autos.

Ein anderer schreibt: *Beim Heimkommen fuhr ich versehentlich in eine falsche Grundstücksauffahrt und rammte einen Baum, der bei mir dort nicht steht.*

Ein letztes Beispiel: *Das Pferd lief über die Fahrbahn, ohne sich vorschriftsmässig zu vergewissern, ob die Strasse frei ist!* -Ausreden, Ausreden, Ausreden!

Mache du das anders. Nimm den besten Fleckentferner aller Zeiten! Nutze Gottes Licht. Sage Gott klar und deutlich, was schiefgelaufen ist bei dir. Und dann werde dadurch wirklich frei! Nutze das Licht von oben! Gott will, dass keiner von uns verloren geht, weder im Leben, noch in der Ewigkeit. Deswegen erfindet er den Advent, deswegen schickt er Jesus zu dir. Er will dein Licht sein. Jesus sagt: *Wer mir nachfolgt, der wird nicht wandeln in der Finsternis, sondern wird das Licht des Lebens haben.* -Falls du es noch nicht getan hast: Nimm dieses Licht, den Retter und Erlöser Jesus Christus in dein Leben auf. Hast du Jesus, das Licht der Welt, schon in dein Herz aufgenommen? Grossartig! Aber nun: Nutze dieses Licht von oben! Auch dadurch, dass du es bewusst weitergibst.

Sei Licht, indem du in den kommenden Tagen mit Ermutigungen besonders grosszügig umgehst!

Sei Licht, indem du dich bei jemand meldest, bei dem du dich lange nicht gerührt hast!

Sei Licht auch dadurch, indem du bewusst positive Nachrichten verbreitest. Und: Unter allen negativen Meldungen gibt es so viel Positives. Wir reden nur zu wenig drüber. Gib Gottes Licht weiter: Auch wenn du meinst, du kannst nur wenig bewirken.

Mir gefällt dabei die Geschichte vom Jungen am Meer: Eines Tages geht ein Kurgast am Meeresstrand entlang. Da beobachtet er einen Jungen, der etwas aufhebt und vorsichtig ins Meer wirft. Der Mann fragt: *Was machst Du da?* Der Junge antwortet: *Ich werfe Seesterne ins Meer zurück. Es ist Ebbe und die Sonne brennt herunter. Wenn ich das nicht tue, sterben sie. -Ach, Junge*, sagt der Mann. *Ist dir eigentlich klar, dass hier Kilometer um Kilometer Strand ist? Und überall liegen Seesterne. Du kannst doch gar nichts bewirken mit deiner Aktion!* Der Junge hört zu, bückt sich, nimmt einen Seestern auf und wirft ihn ins Meer. Dann sagt er: Aber *für diesen hier habe ich etwas bewirkt.* -Das darf auch deine Einstellung sein. Auch wenn du die Schmerzen eines Menschen für nur eine Stunde etwas lindern kannst, wäre es das trotzdem wert. Wo auch immer du Licht sein kannst, ist es wert, es zu tun. Nutze die Chance, Gott beim Wort zu nehmen! Nutze das Licht von oben für dich und für andere!

Und noch das Dritte. Komm mit in die Zielgerade der Predigt: Zacharias sagt, *Gott will dich auf den Weg des Friedens leiten.* **Setze darum Zeichen des Friedens!** Setze Zeichen des Friedens- und nutze gerade in dieser Adventszeit jede Chance dazu.

Ich denke an Matriatu Kamara. Ihre Geschichte treibt einem Tränen in die Augen. Dieses Mädchen wird 1986 im westafrikanischen Sierra Leone geboren. Sie wächst dort in einem kleinen Dorf auf. In den Wirren eines schrecklichen Krieges gerät die zwölfjährige in einen Hinterhalt der Rebellen, die ihr beide Hände abhacken. Es hat mich grosse Überwindung gekostet, dies zu lesen. Aber die Geschichte dieses Mädchens geht weiter: Wie durch ein Wunder stirbt es nicht an den Folgen dieser Verletzung, Und sie fasst damals einen Entschluss: *Ich habe keine Hände, aber eine Stimme. Ich kann in dieser Welt noch so viel bewirken.* Und das wird wahr: Heute ist sie eine junge Frau und als UNICEF-Sonderbotschafterin für Kinder unterwegs. Darüber hinaus hat sie eine Stiftung ins Leben gerufen, die sich um verstossene

Frauen kümmert. In ihrem Buch sagt sie zum Thema Frieden etwas ganz wichtiges. Und: Sie sagt etwas, was einem fast den Atem verschlägt: *Ich habe Jahre lang mit einer solchen Wut und einem Hass gelebt, der mich fast innerlich zerstört hat. Das ist vorbei. Denn nun habe ich meinen Frieden gefunden und bin ich dadurch auch innerlich frei. Wenn ich jemals noch einmal vor meinen Peinigern stehe, verzeihe ich ihnen.* Wenn dieses Mädchen ohne Hände es geschafft hat, dann kannst du das erst recht. Setze darum Zeichen des Friedens!

Wusstest du, dass 1848 die Niagarafälle für 39 Stunden komplett zugefroren waren? Eisschollen verstopften damals den Durchfluss, so dass das Wasser gefrieren konnte. Das ist erstaunlich: Die Beziehungen von Menschen sind oft sogar noch länger –sogar Jahrzehnte eingefroren. Beende darum Zeiten des Schweigens mit einem bestimmten Menschen. Setze tatsächlich Friedenszeichen! Jesus hat dazu gesagt: *Liebe deine Feinde, tue wohl denen, die dich hassen.* Nutze auch da die Chance, ihn beim Wort zu nehmen! Nur dann wirst du erfahren, welche Chance in der Vergebung und dem Frieden liegen, die Jesus Christus bringt.

Setze Zeichen des Friedens! Wichtig ist doch schon, dass du mit einer friedlichen Einstellung am Morgen aus dem Haus gehst: Wenn du zu deiner Arbeit gehst mit der feindseligen Einstellung, *...ich bin dort doch nur mit Idioten zusammen,* so spüren das die anderen. Wenn du mit aggressiver Einstellung zum Einkaufen gehst, spüren das die andern. Wenn du mit einer Abwehrhaltung in die Schule gehst, spüren das die anderen. Alles das fällt am Ende wieder auf dich zurück. Und genauso, spüren das die anderen, wenn du mit einer positiv- friedlichen Einstellung auftrittst. Nutze diese Adventszeit, das bewusst auszuprobieren. Entscheidend ist, dass du dich Jesus wirklich öffnest und dass du ihm sagst: *Herr, mache du doch auch in meinem Herzen Frieden. Und hilf mir schon in meiner Umgebung diesen Frieden persönlich weiterzugeben.*

Unser Thema: Advent, deine Chance. Und wir haben gesagt:

1. Nutze die Chance, Gott beim Wort zu nehmen!

2. Nutze das Licht von oben!

3. Setze persönlich Zeichen des Friedens! Dann wirst du die reichste, beste, schönste Adventszeit deines Lebens haben! Amen.

Weihnachtspredigt 2011: „Das ultimative Geschenk." Lukas 2,1-20

Es begab sich aber zu der Zeit, dass ein Gebot von dem Kaiser Augustus ausging, dass alle Welt geschätzt würde. Und diese Schätzung war die allererste und geschah zurzeit, da Quirinius Statthalter in Syrien war. Und jedermann ging, dass er sich schätzen liesse, ein jeder in seine Stadt.

Da machte sich auf auch Josef aus Galiläa, aus der Stadt Nazareth, in das jüdische Land zur Stadt Davids, die da heisst Bethlehem, weil er aus dem Hause und Geschlechte Davids war, damit er sich schätzen liesse mit Maria, seinem vertrauten Weibe; die war schwanger. Und als sie dort waren, kam die Zeit, dass sie gebären sollte. Und sie gebar ihren ersten Sohn und wickelte ihn in Windeln und legte ihn in eine Krippe; denn sie hatten sonst keinen Raum in der Herberge.

Und es waren Hirten in derselben Gegend auf dem Felde bei den Hürden, die hüteten des Nachts ihre Herde. Und der Engel des Herrn trat zu ihnen, und die Klarheit des Herrn leuchtete um sie; und sie fürchteten sich sehr. Und der Engel sprach zu ihnen: Fürchtet euch nicht! Siehe, ich verkündige euch grosse Freude, die allem Volk widerfahren wird; denn euch ist heute der Heiland geboren, welcher ist Christus, der Herr, in der Stadt Davids. Und das habt zum Zeichen: ihr werdet finden das Kind in Windeln gewickelt und in einer Krippe liegen.

Und alsbald war da bei dem Engel die Menge der himmlischen Heerscharen, die lobten Gott und sprachen: Ehre sei Gott in der Höhe und Friede auf Erden bei den Menschen seines Wohlgefallens. Und als die Engel von ihnen gen Himmel fuhren, sprachen die Hirten untereinander: Lasst uns nun gehen nach Bethlehem und die Geschichte sehen, die da geschehen ist, die uns der Herr kundgetan hat.

Und sie kamen eilend und fanden beide, Maria und Josef, dazu das Kind in der Krippe liegen. Als sie es aber gesehen hatten, breiteten sie das Wort aus, das zu ihnen von diesem Kinde gesagt war. Und alle, vor die es kam, wunderten sich über das, was ihnen die Hirten gesagt hatten.

Maria aber behielt alle diese Worte und bewegte sie in ihrem Herzen. Und die Hirten kehrten wieder um, priesen und lobten Gott für alles, was sie gehört und gesehen hatten, wie denn zu ihnen gesagt war.

Heute will dir ein Kind zum Retter werden! *Euch ist heute der Heiland geboren,* so verkünden es die Engel den Hirten. Und sie verkünden es dir heute in dieser Kirche! Jesus ist bereit, alle unsere Lasten, meine Last, deine Last, die Lasten, Sorgen und Probleme der ganzen Welt auf sich zu laden und sie zu tragen. Jesus kommt in einer Krippe zu uns, um am Kreuz sein Leben zu verlieren, damit wir es gewinnen. Damit du gerettet wirst.

Es gibt da so ein schwedisches Möbelhaus.... Mit „I" fängt es an, mit „A" hört es auf. Mehr verrate ich jetzt nicht. Es ist ziemlich preiswert. Es hat nur einen Haken. Du darfst das ganze selbst zusammenbauen. Manchmal ein echtes Geduldspiel. Manchmal klemmen die Schubladen. Manchmal klemmen die so sehr, dass du nur mit kurzen, ruckartigen Bewegungen die Schubladen öffnen und wieder schliessen kannst. Oder die ganze Konstruktion stimmt hinten und vorne nicht. Weil man es vermasselt, verkorkst, eben nicht auf die Reihe gebracht hat. Vielleicht kommt dir dein Leben manchmal auch so vor. Doch wenn es noch so sehr klemmt bei dir und verkorkst ist. Heute will dir dieses Kind zum Retter werden. Gerade deswegen darfst du an Weihnachten aus vollem Herzen singen: Christ, der Retter ist da! Nimm diesen Retter an!

Aber vielleicht geht es dir jetzt wie einem Seifenfabrikanten. Ja, du hast recht gehört. Ein Seifenfabrikant. Denn der Seifenfabrikant sagt einem Freund, einem Christen: *Ich zweifle daran, dass der Glaube an Jesus Christus etwas bringt. Denn das Christentum hat nichts erreicht. Obwohl es schon bald zweitausend Jahre gepredigt wird, ist die Welt nicht anders geworden. Es gibt immer noch Böses und schlechte Menschen. Immer noch gibt's Unfrieden, Hass bei uns und Krieg und Bomben in Irak und Afghanistan.*

Der Freund des Seifenfabrikanten weist auf ein ziemlich schmutziges Kind hin, das am Strassenrand im Dreck spielt, und bemerkt: *Schau, auch deine Seife hat nichts erreicht. Es gibt immer noch Schmutz und schmutzige Menschen in der Welt.*

-*Seife,* entgegnet der Fabrikant, *nutzt nur, wenn sie angewendet wird.* Sein Freund antwortet: *Genauso ist es doch mit dem christlichen Glauben auch. Entscheidend, dass du den Retter annimmst. Dass du deinen Glauben an Jesus Christus lebst und anwendest.* -Das gilt auch für dich hier im Gottesdienst.

Heute will dir ein Kind zum Retter werden! Das ist die erste Botschaft von Weihnachten. Damit aber noch nicht genug:

Heute will ein Kind bei dir Unmögliches möglich machen! Bitte tue jetzt einmal folgendes: Denke an etwas, wo du meinst, unmöglich, dass sich das löst. Denk an dein grösstes Problem. Hast du es? Heute will dieses Kind in der Krippe bei dir Unmögliches möglich machen. Es sagt zu dir: *Dein Problem will ich haben!* Es lädt dich zum grossen Umtauschfest ein. Für viele gibt es das erst nach Weihnachten: Das grosse Umtauschen. Da werden Krawatten zu Hosenträgern. Haartrockner zu Schnellkochtöpfen. Nerzmäntel zu Bargeld. Dieses Kind will aber das grosse Umtauschen schon heute stattfinden lassen. Dieses Kind will alle deine Unmöglichkeiten: Darum komm heran zur Krippe! Komm heran mit allen deinen Unmöglichkeiten. Leg dort alles ab, was dich bedrückt! Leg ab deine Ängste vor der Zukunft. Nimm dir dafür Mut und Vertrauen. Leg ab deinen Streit mit anderen Menschen. Tausch ihn gegen Versöhnung. Leg ab deine inneren und äusseren Schmerzen. Nimm dir Heilung mit.

An der Weihnachtskrippe von Bethlehem sind deine Nöte willkommen. Und wenn du bereit bist, ins Gespräch mit diesen Jesus zu kommen, dann wird er mit dir gemeinsam auch eine Lösung suchen. Ihm ist wirklich nichts unmöglich. Vermeide daher ab heute das Wort *unmöglich*, bevor du mit deinem Herrn und Gott gesprochen hast. Immer wenn du voreilig unmöglich sagst, wirf einen Franken in eine besondere Kasse. Und verwende es für einen guten Zweck. Und dann: Versuche es mit Gottes Hilfe noch einmal! Denn heute will ein Kind auch bei dir Unmögliches möglich machen. **Heute will auch dir ein Kind zum Retter werden. Heute will ein Kind auch bei dir Unmögliches möglich machen.**

Schliesslich bedeutet Weihnachten noch etwas: **Heute will ein Kind dir zum ultimativen Geschenk werden.** Nimm das wirklich wahr! Jesus ist da. Schon vor 2000 Jahren ist er geboren. Er liegt bereits im „Keller des Lebens" vieler Menschen. Jetzt geht es nur noch darum zu entdecken, was er dir zu sagen hat. Geh auf Entdeckungstour! Nimm doch zwischen den Jahren deine Bibel her und lies im Neuen Testament darüber nach. Immer wenn du dabei von Jesus zu etwas aufgefordert wirst, stoppe deine Lektüre: Wenn da vom Aufbrechen die Rede ist, überlege dir, wo du in deinem Leben aufbrechen kannst. Wenn vom Frieden die Rede ist, überlege dir, wo du selbst Frieden machen kannst. Wenn vom Barmherzigsein die Rede ist, dann überleg dir, wem du helfen kannst. Mache das. Mache es wie die Hirten. Prüf nach, ob die Geschichte von Jesus stimmt!

Entdecke dabei das ultimative Geschenk: IHN SELBST. Jesus Christus will heute von dir persönlich in dein Leben aufgenommen werden. Er wartet auf deine Antwort. Amen.

Predigt zur Woche der Einheit der Christen 2011: „Jesus ist auferstanden- und ihr seid seine Zeugen!“ Lukas 24, 1-,6a. 36-48.

Jesu Auferstehung

Aber am ersten Tag der Woche sehr früh kamen sie zum Grab und trugen bei sich die wohlriechenden Öle, die sie bereitet hatten. Sie fanden aber den Stein weggewälzt von dem Grab und gingen hinein und fanden den Leib des Herrn Jesus nicht. Und als sie darüber bekümmert waren, siehe, da traten zu ihnen zwei Männer mit glänzenden Kleidern. Sie aber erschraken und neigten ihr Angesicht zur Erde. Da sprachen die zu ihnen: Was sucht ihr den Lebenden bei den Toten? Er ist nicht hier, er ist auferstanden.

Jesu Erscheinung vor den Jüngern

Als sie aber davon redeten, trat er selbst, Jesus, mitten unter sie und sprach zu ihnen: Friede sei mit euch! Sie erschraken aber und fürchteten sich und meinten, sie sähen einen Geist. Und er sprach zu ihnen: Was seid ihr so erschrocken, und warum kommen solche Gedanken in euer Herz? Seht meine Hände und meine Füsse, ich bin's selber. Fasst mich an und seht; denn ein Geist hat nicht Fleisch und Knochen, wie ihr seht, dass ich sie habe. Und als er das gesagt hatte, zeigte er ihnen die Hände und Füsse. Als sie aber noch nicht glaubten vor Freude und sich verwunderten, sprach er zu ihnen: Habt ihr hier etwas zu essen? Und sie legten ihm ein Stück gebratenen Fisch vor. Und er nahm's und ass vor ihnen. Er sprach aber zu ihnen: Das sind meine Worte, die ich zu euch gesagt habe, als ich noch bei euch war: Es muss alles erfüllt werden, was von mir geschrieben steht im Gesetz des Mose, in den Propheten und in den Psalmen. Da öffnete er ihnen das Verständnis, so dass sie die Schrift verstanden, und sprach zu ihnen: So steht's geschrieben, dass Christus leiden wird und auferstehen von den Toten am dritten Tage; und dass gepredigt wird in seinem Namen Busse zur Vergebung der Sünden unter allen Völkern. Fangt an in Jerusalem und seid dafür Zeugen.

Was ist da eigentlich los? Schoko-Weihnachtsmänner stehen ab August im Regal. Die ersten Ostereier wurden letzte Woche bereits im Supermarkt gesichtet. Und jetzt sprechen die Kirchen schon Wochen vor dem Osterfest –im Januar- über das Thema: „Jesus ist auferstanden- und ihr dürft seine Zeugen sein!"

Lieber Freund in Christus: Wenn du dich jetzt vielleicht verwundert an deinem Kopf kratzen willst. Bitte denk daran:

Du kannst doch jeden Tag von der positiven Osterpower her sehen. Der erste Punkt soll darum sein: **Sei einer, der positiv sieht!**

Sieh deine Welt mit Osteraugen! Im Piemont, so habe ich erfahren, gibt es in einem Dorf den Ostergruss, sich „Osteraugen" zu wünschen. Am Morgen des Ostersonntags, wenn zum ersten Mal die Glocken läuten, laufen Kinder und Erwachsene dort an den Dorfbrunnen und waschen sich die Augen mit dem frischen Brunnenwasser. Das will sagen: Du darfst mit Ostern tatsächlich neu sehen lernen, deine Umgebung, deine Situation, dein Leben unter Gottes Möglichkeiten betrachten.

Sei einer, der positiv sieht! Neulich höre ich von einem jungen Mann, der macht das. Er ist ohne Füsse und Hände geboren worden. Schon mit fünf Jahren hat er aber einen Wunsch: Den höchsten Berg Südafrikas zu besteigen. Ihm ist es mittlerweile gelungen. Ein weiterer Traum, den er sich erfüllt hat: Er kann durch eine Spezialkonstruktion Posaune spielen. Dieser Mann lässt sich nicht entmutigen. Denn er sieht über seine Schwierigkeiten hinaus auf Gottes unbegrenzte Möglichkeiten. Lerne auch du durch die Kraft der Auferstehung so neu sehen! Gott, der an Ostern den Tod überwunden hat, der wird auch für dich neue Möglichkeiten auftun. Das steht fest.

Sei einer, der positiv sieht! Es ist doch so: Ein Schachspieler sieht die Stellung der Figuren auf einem Schachbrett anders als Nichtspieler. Ein Pflanzenexperte sieht Pflanzen anders als ein Laie. Ein Computerexperte sieht einen Computer nicht als Staubfänger, sondern als ideales Arbeitsgerät mit vielen Möglichkeiten. Und du sei einer, der sein Leben unter den Möglichkeiten des Auferstandenen sieht. Dafür wünsche ich dir Osteraugen! Osteraugen! Und nochmals Osteraugen! Das ganze Jahr über!

Lerne durch Ostern neu sehen, was für ein Potential in dir steckt! Frage dich: Welche Gaben hat dir Gott gegeben hat, die er in dir neu oder wieder zum Leben erwecken möchte. Musikalisch, handwerklich, wissensmässig. Bitte Gott, dass er dir zeigt, wo du sie anwenden kannst. Darum hast du sie ja bekommen.

Menschen mit Osteraugen sehen auch die Tränen anderer. Ein Vorschlag: Melde dich bei Menschen, die in den letzten Monaten einen Angehörigen verloren haben.

Frage bei ihnen gezielt nach. Am Tag der Trauerfeier sind viele Menschen um die Trauernden herum. Aber einige Monate später, da brauchen sie jemanden, der sie anspricht- zum Beispiel jemanden wie dich!

Und darum ist der erste Punkt: **Sei einer, der positiv sieht!** Und nun das Zweite: **Sei einer, der positiv lebt!** Lebe Ostern tatsächlich in deinem eigenen Leben! Ein Mann wird von einem anderen gefragt: *Erklären Sie mir die Auferstehung, dann könnte ich daran glauben!* Der Gefragte darauf: *Gestatten Sie vorab eine Gegenfrage, dann will ich das gerne tun. Wird sich in ihrem Leben irgendetwas ändern, wenn ich Ihnen die Auferstehung erklärt habe?* Liebe Freunde in Jesus Christus: Das ist die entscheidende Frage auch an jeden einzelnen von uns! Nämlich: Wie lebt denn ein Mensch, der an den Auferstandenen glaubt? Der Auferstandene gibt uns selbst den entscheidenden Hinweis. Bei Matthäus sagt Jesus als Gruss zu den Frauen: *Seid gegrüsst!* Im griechischen Originaltext steht da *Chairete!*

Und das bedeutet übersetzt: *Freut euch!* Folge Jesu Wort! Sei einer, der positiv lebt! Lebe viel mehr deine Osterfreude! Bedenke: Ein Mensch muss 43 Muskeln bewegen, um finster zu schauen, aber nur 17, um Freude zu zeigen. Gelebte Osterfreude ist also viel weniger anstrengend und energieaufwendig als unzufrieden und ernst vor sich hin zu blicken. Osterfreude ist das beste und preiswerteste Facelifting. Das ganze Jahr über. Und es kostet dich keinen Rappen und niemand muss an dir herumschnippeln.

Und darum lebe täglich positiv deine Osterfreude! Ich weiss es noch, als wäre es heute: Ich bin vier oder fünf Jahre alt. Meine Grossmutter steht im Wohnzimmer und singt aus lauter Freude an ihrem Glauben beim Staubsaugen. Der Motor des Staubsaugers heult und rauscht ungeheuer, so dass man ihn in der ganzen Wohnung hört. Und meine Grossmutter: Sie singt dazu eine fröhliche Oberstimme. Das war ein regelrechtes Duett. Da habe ich schon als Kind gelernt: Christen freuen sich. Christen freuen sich schon bei ihren gewöhnlichen Tätigkeiten. Sei einer, der positiv lebt! Mache auch selbst schon die kleinen Dinge mit Freude. Lebe täglich deine Osterfreude: An deinem Arbeitsplatz. Beim Einkaufen. Beim Fensterputzen oder wo du auch sonst unterwegs bist. Lass an allen möglichen Orten deine Freude als Christ viel mehr heraus! **Sei einer, der positiv sieht! Sei einer, der positiv lebt!**

Und noch ein Drittes: **Sei einer, der positiv anstösst!** Stell dir vor: Mitten auf der Kreuzung stossen zu Jahresbeginn zwei Autos zusammen. Ein Polizist kommt vorbei und zieht mit strengem Blick seinen Notizblock. Darauf der eine Fahrer: *Aber Herr Polizist, man wird doch noch aufs neue Jahr anstossen dürfen.* Diese Art von

Anstoss ist hier nicht gemeint. Vielmehr frage dich selbst: Was könntest du mit Gottes Hilfe alles an Positivem(!) in Gang setzen? Und dadurch die grossartige Nachricht von Ostern praktisch an andere weitergeben?

Neulich höre ich von folgender Aktion einer kleinen Gruppe von Christen. Sie stellen Stühle und kleine Hocker in die Fussgängerzone von grösseren Städten. Dazu ein Schild. Drauf steht: *Jesus hat den Leuten die Füsse gewaschen, wir putzen Ihnen die Schuhe. Kostenlos!* Und das tun sie dann tatsächlich auch. Die Leute fragen verwundert: *Warum tut ihr das?* Und sie kommen dadurch ins Gespräch über Gott und ihren Glauben. Ist dir das zu verrückt? Wenn du zu Gottes Gemeinde gehörst, bist du hoffentlich ver-rückt genug. Du bist hoffentlich ver-rückt in die positive Gemeinschaft mit dem Auferstandenen. Verstehe mich recht: Es verlangt niemand von dir, dass du ab morgen auch in der Bahnhofstrasse Schuhputzer im Namen des Herrn sein musst. Obwohl-... warum eigentlich nicht? Und wenn wir Pfarrer zB das für ein gutes Projekt täten? An einem Samstag in der Fussgängerzone? Ich wäre gerne mit dabei! ÖSP- „Ökumenisches Schuheputzen“ -warum denn eigentlich nicht? Lasst uns das im Anschluss an den Gottesdienst einmal durchsprechen! Aber wichtig für dich an diesem Beispiel ist: Bitte selbst Gott um gute Ideen, wo du zeigen kannst, dass dein Glaube lebendig ist. Wo du in seinem Namen ein positiver Anstoss für andere sein kannst.

Sei einer, der positiv anstösst! Auch für die Ökumene. Sei auch da ein positiver Anstosser. Suche nach Gelegenheiten, positiv über Ökumene zu reden! Erzähle gute Erfahrungen weiter! Und da gibt es genug Beispiele: Ob bei Hochzeiten oder traurigen Anlässen, wir arbeiten hier in Zermatt zusammen. Und wo gibt es denn das eigentlich: Dass regelmässig sonntags in einem katholischen Pfarrhaus ein evangelischer Gottesdienst stattfindet? Das ist doch einmalig hier im Wallis, ja landesweit, vielleicht sogar weltweit. Vielen denen ich das erzähle, staunen, die wissen das gar nicht. Es wird Zeit, dass ihr alle hier weitererzählt, was alles unter uns so positiv funktioniert. Und Ostern macht uns Mut, zu glauben, auch da, wo wir noch nichts sehen. Aber bald noch mehr sehen wollen! Auch und gerade in der Ökumene. Daran lasst uns glauben, daran arbeiten, dafür eintreten.

Lasst uns unser Thema: „Er ist auferstanden – und ihr seid Zeugen“- immer wieder persönlich aufgreifen. Für jeden unter uns darf gelten: **Sei ein Zeuge, der positiv sieht! Sei ein Zeuge, der positiv lebt! Sei ein Zeuge, der positiv anstösst!** Denk daran: Die Kraft, die von Ostern ausgeht, ist eine Kraft, die Tote lebendig macht, ABER die auch Lebende immer wieder neu in Bewegung setzt. Amen!

“So entwickelst du dich weiter!” Römer 12, 2.

Wir hören diesen Text in zwei Übersetzungen.

In der Lutherbibel heisst es:

Und stellt euch nicht dieser Welt gleich, sondern ändert euch durch Erneuerung eures Sinnes, damit ihr prüfen könnt, was Gottes Wille ist, nämlich das Gute und Wohlgefällige und Vollkommene.

In der Übersetzung der Guten- Nachricht- Bibel lesen wir:

Passt euch nicht den Massstäben dieser Welt an. Lasst euch vielmehr von Gott umwandeln, damit euer ganzes Denken erneuert wird. Dann könnt ihr euch ein sicheres Urteil bilden, welches Verhalten dem Willen Gottes entspricht, und wisst in jedem einzelnen Fall, was gut und gottgefällig und vollkommen ist.

Unser Thema ist heute: **„So entwickelst du dich weiter!“** Und der erste Punkt ist: **Denke nicht wie die Welt!** So sagt es Paulus. Denke nicht wie die Welt! Warum? Die Welt denkt zum Beispiel viel zu schnell: *Unmöglich!*

Das fängt schon beim Gänsebraten an! Stelle dir, vor eine junge Frau macht ihrem Ehemann zum ersten Mal einen Gänsebraten. Es mundet dem frischgebackenen Ehemann ausgezeichnet. Nur eine Frage hat der Mann: *Sag mal Schatz, warum hast du denn so viel von der Gans hinten abgeschnitten. Da fehlt ja ein grosses Stück. Das hätte ich das nächste Mal gerne auch probiert.* Darauf die Frau: *So ein grosses Stück muss man immer abschneiden. Eine Gans anders zuzubereiten ist völlig unmöglich. –Warum?* Fragt der Ehemann. *–Das weiss ich nicht, aber meine Mutter hat das auch immer schon so gemacht. Anders ist das unmöglich.* Trotzdem kommt die junge Frau ins Nachdenken und bei nächster Gelegenheit fragt die Frau ihre Mutter. Die Mutter antwortet: *Weisst du, ich muss immer ein Stück von der Gans abschneiden, denn meine Bratröhre ist zu klein.-*

Du schmunzelst vielleicht über dieses Beispiel. Aber so beschränken wir oft auch unser Denken: durch nicht hinterfragte Annahmen und eingefahrene Gewohnheiten. So denken wir viel zu schnell: unmöglich. Überlege dir: Wo denkst du zurzeit: *Unmöglich! -Unmöglich, dass sich meine Gesundheit bessert. Unmöglich, dass ich die-*

ses oder jenes Problem lösen kann. Unmöglich, dass Gott mir dieses oder jenes vergibt- Schau, genau für diese Unmöglichkeiten ist Jesus in diese Welt gekommen. Für diese Unmöglichkeiten ist Jesus ans Kreuz gegangen. Und für alle deine Unmöglichkeiten ist er für dich auferstanden! Und darum:

Auf ihn schaue, ihm vertraue dich an, mit ihm an deiner Seite packe alle deine Herausforderungen an! Vor allem:

Hinterfrage daher jedes Unmöglich. Sag bei jedem Unmöglich erst einmal: STOPP! Prüfe mit Gottes Hilfe dann nach, ob es doch einen Weg für dich gibt. Denke nicht wie die Welt!

Die Welt will oft auch Gleiches mit Gleichem vergelten: In diesem Jahr ist es ein Jahrzehnt her. Da fliegen zwei Flugzeuge von Terroristen gesteuert in die beiden Wolkenkratzer in New York. Damals erscheint der amerikanische Präsident George Bush im Fernsehen. Und er tut etwas, was mich höchst erstaunt. Er betet. Er betet die Worte des 23. Psalms. Ihr kennt diese Verse alle: *Der Herr ist meine Hirte.* Und ich denke mir: *Endlich mal ein mächtiger Politiker, der anders ist.* Endlich einer, der nicht Gleiches mit Gleichem vergelten wird. Endlich einer, der einen anderen Weg gehen will. Aber dann das volle Gegenteil. Es wird ein sinnloser Krieg im Irak begonnen. Und heute geht es den Christen im Irak schlimmer als jemals zuvor. Ihr Schicksal ist Enteignung, Flucht, Vertreibung. 1,5 Millionen Christen zählt der Irak vor dem Krieg. Jetzt sind nur noch 300 000 übrig. Das ist das schreckliche Ergebnis von Vergeltung. Du aber mache das anders:

Denke nicht wie die Welt! Bitte um Gottes Führung, wie du persönlich, schon im Kleinen, in deinem Alltag einen anderen, einen besseren Weg gehen kannst. Paulus schreibt unseren Bibeltext an die ersten Christen in Rom. Weisst du warum die Zahl der Christen damals im alten Rom regelrecht explodiert ist? Es hat einen doppelten Grund: Da ist einmal ihr klarer Standpunkt zu Jesus Christus. Und dann weil die ersten Christen sich anders verhalten haben, anders als die Welt es sonst tut. Sie haben für ihre Gegner gebetet. Sie haben sogar ihre Verfolger gepflegt. Ihnen geholfen. Vor allem haben sie den Kreislauf der Vergeltung durchbrochen. Deswegen ist die Kirche damals so gewachsen. Durchbrich auch du den Vergeltungskreislauf. Dann kommst auch du weiter!

Wenn du aber Vergeltung übst wie andere auch, ist dein Glaube überflüssig. Dann ist Jesus umsonst für dich in diese Welt gekommen.

Denke nicht wie die Welt! Die Welt hat zudem auch nur begrenzte Hoffnung. Erinnert ihr euch noch an das grosse Erdbeben in Japan? Nur 10 min nach der Nachricht vom Beben fallen die Aktienkurse. Als dann Osama bin Laden getötet wird, steigen schon nach 10 min die Kurse. Du siehst an diesem Beispiel, wie begrenzt doch die Hoffnung der Welt ist. Sie reicht gerade bis zum Aktienindex. Deine Hoffnung als Christ geht aber weiter.

Du darfst dich getragen sehen durch den Glauben an Jesus Christus. Du hast mit Jesus Christus eine Hoffnung, die dich sogar über dieses Leben hinausführt. Eine ewige Hoffnung! Halt dich an diesen Glauben, tagtäglich und ganz bewusst. Und: **Denke nicht wie die Welt!** Und nun das Zweite:

Ich sprüh's an jede Wand: neue Männer braucht das Land! So lautet der Titel eines Liedes aus den 80er Jahren. Ich ändere es ab: *Neue Christen braucht das Land!* Christen, die anders, die neu denken. Und darum ist der zweite Punkt: **Denke neu!** Wie kann das gehen? Im griechischen Originaltext steht: *Lasst euch von Gott umwandeln!* Das bedeutet, Gott selbst macht das möglich! Du darfst Gott darum bitten, dass er deine Gedanken „renoviert".

Bitte Gott um das Abreissen alter innerer Tapeten. Welches Muster sie auch immer bei dir haben mögen. Raus besonders mit der Jammertapete. Viele Leute sind Vorbild im Jammern. Viele jammern sogar schon im Vorfeld. Jemand hat mir erzählt: Als Kind reimt er sich vom Verhalten anderer zusammen, dass man beim Zahnarzt schreien muss. Und zwar schon bevor der Zahnarzt gebohrt hat. Ja, noch bevor der Zahnarzt in den Mund hineingeschaut hat. Bist du auch so ein „im Voraus-Jammerer?" Jammern kostet Kraft und Energie. Jammern ändert nichts. Oder hat Jammern schon einmal für dich ein Problem gelöst?

Und darum denke neu. Bitte Gott darum, dass er dein Denken erneuert. Wenn du ein und denselben negativen Gedanken immer wieder, immer wieder, wiederholst, dann gerätst du in eine Art negatives Magnetfeld. Zum Beispiel denkst du:

Mir geht es immer schlechter!

Mir gelingt aber auch gar nichts.

Ich hab nichts Besseres verdient.

Das sind kleine Sätze, die grosse negative Wirkung haben. Mache das anders. Denke neu! Sage regelmässig:

Gott schickt mir, was ich brauche.

Ich bin zuversichtlich, dass sich alles zum Guten für mich entwickelt.

Ich gehe mit Gottes Hilfe mutig meinen Weg. Oder:

Wir wissen, dass denen, die Gott lieben, alle Dinge zum Besten dienen! Das sagt Paulus einige Kapitel vorher. Und das darf auch deine Einstellung sein.

So entwickelst du dich weiter- das ist unser heutiges Thema. Und wir haben schon gehört:

1. Denke nicht wie die Welt! 2. Denke neu! Und nun das Dritte: **Denke, was Gott will!**

Paulus sagt es: *Gott will das Gute und Wohlgefällige und Vollkommene. Gott will das Gute:* Gott möchte, dass du eine positive Grundeinstellung hast. Er will, dass du voller Lebensfreude, Hoffnung und Zuversicht bist. Sicher, es gibt Ausnahmesituationen: Da gibt es Zeiten der Trauer, Zeiten, wo dich ein schwerer Schicksalsschlag trifft. Das sind Ausnahmezeiten. Aber die Grundeinstellung, der Normalfall ist bei einem Christen positiv. Das Wort Evangelium heisst wörtlich übersetzt: *Gute Nachricht.* Und darum: Nicht das Negative, sondern das Gute soll unser Denken und Tun bestimmen.

Für Jesus ist jedes Problem eine verborgene Möglichkeit, etwas Gutes zu tun. Krankheit ist für ihn eine Gelegenheit zum Heilen. Sünde eine Gelegenheit zur Vergebung. Trauer eine Gelegenheit zum Mitgefühl und zum Trost. Jesus sieht in jeder Situation eine Goldmine unentdeckter Möglichkeiten, um Gutes zu tun. Übernimm seine Art zu denken. Prüfe, wo du auch selbst im Namen von Jesus in deiner Umgebung negative Situationen in positive, schöne, aufbauende verwandeln kannst.

Ja: Mache die Augen auf und schau, wo du Gutes tun kannst. Wo kannst du vergeben? Wo Freude bereiten? Wo kannst du trösten, aufrichten? Wo Mut machen? Dafür bist du da. Denke und tu das Gute. Dein Glauben an das Gute darf abfärben. Auf dein Verhalten auf der Arbeit, in der Freizeit, den Umgang mit Feinden und Freunden, mit deinem Geld.

Bitte hebt einmal die Hand: Wer von euch sammelt irgendetwas? Was auch immer du alles schon sammeln magst. Leg vor allen Dingen eine Sammlung an: Werde zum Jäger und Sammler des Guten!

Paulus sagt zudem: *Gott will das Wohlgefällige.* Das Wohlgefällige ist Gottes Wille. Bei jeder Entscheidung mache die doppelte G-Prüfung, um zu schauen was Gott will. Doppelte G-Prüfung heisst: Was sagen dir G wie Gottes Worte? (zB zur Vergeltung) Was antwortet er dir auf G wie dein Gebet?

Schliesslich will Gott *das Vollkommene*. Keiner ist vollkommen. Aber mit Gottes Hilfe bist du auf dem Weg, dich immer weiter zu entwickeln: *Lasset uns wahrhaftig sein in der Liebe und wachsen in allen Stücken zu dem hin, der das Haupt ist, Jesus Christus, so schreibt es Paulus in einem anderen seiner Briefe. (Epheser 4, 15).*

Hast du es schon gehört: Treppensteigen ist eine Trendsportart! Neulich steht es in der Zeitung. Der Schweizer Marco Summermatter gewinnt den Ultratreppenlauf in Sachsen. Er bezwingt fast 80 000 Treppenstufen in Rekordzeit. Treppenmarathon: Das ist für einen Christen nichts Neues. Wir steigen auf, auf zu Gott, auf zu Jesus Christus. Auch wenn es mal ein Stück wieder nach unten geht. Rückschläge lassen uns trotzdem immer weiterentwickeln. Immer weiter bis zum Ziel, bis Gott uns zu sich nimmt.

Eins steht fest: Der Mensch ist, was er den ganzen Tag denkt. Was könnte er auch anderes sein? Du denkst bitte täglich daran, dass du ein Kind Gottes bist. Und darum:

1. Denke nicht wie die Welt!

2. Denke neu!

3. Denke, was Gott will!

So stehst du unter Gottes Segen. So entwickelst du dich weiter! Amen.

„Drei Zutaten für ein gutes Leben.“ Römer 12,12.

Seid fröhlich in Hoffnung, geduldig in Trübsal, beharrlich im Gebet.

Das Thema heute ist: **„Drei Zutaten für ein gutes Leben.“** Und hier kommt die erste Zutat: **Seid fröhlich in Hoffnung!** Ich habe es selbst erlebt: Als Kind ist mein Geburtstag immer ein ganz besonderer Tag. Bevor sich die Tür zum Zimmer mit meinem Geburtstagstisch öffnet, sehe ich im Vorzimmer durch die Milchglasscheibe schon die Kerzen von der Geburtstagstorte. Ich höre das Rascheln der Geschenke. Ich bin so gespannt und voller Vorfreude. Ich fühle mich so glücklich, obwohl ich erst im Vorraum bin.

Wenn Paulus nun schreibt: *Seid fröhlich in Hoffnung,* dann geht es hier auch um das. Um die Freude auf bevorstehende Ereignisse. Du darfst dich freuen, einmal ganz bei Gott zu sein. Du darfst dich freuen, ewig und für immer ein Dauerwohnrecht im Himmel zu haben. Du darfst dich freuen, glücklich, ohne Schmerzen und ohne Sorgen zu sein. Du darfst dich freuen auf ein Dasein in einzigartiger Herrlichkeit.

Aber das ist jetzt ganz entscheidend: Schon heute, hier und jetzt darfst du schon voll aus dieser Freude leben. Und darum sagt unser Bibeltext: *Seid fröhlich in Hoffnung!* Sieh darum jeden Tag als ein Geschenk von Gott. Und dann mache dich mit Freude an deine Aufgaben! Freue dich über deine Hausaufgaben. Über eine Milliarde Menschen hätten gerne welche gemacht. Sie konnten nie zur Schule gehen. Da ist dein Hausputz: Freue dich drauf. Denn wenn du unter einer Brücke schlafen müsstest, bräuchtest Du keine Wohnung zu putzen. Da ist die Reinigung der Schmutzwäsche: Freue dich drauf. Wenn du keine schmutzige Wäsche hättest, hättest du nichts zum Anziehen. Da ist der Stress auf der Arbeit. Freue dich drauf: Wenn du nie Stress bei deiner Arbeit hättest, wärst du bald arbeitslos. *Sei fröhlich in Hoffnung!* Weisst du: Fröhlich sein ist auch Trainingssache. Nimm dir ab heute vor, Negatives möglichst wenig zu beachten, dafür den Segen Gottes in allem zu suchen. Danke Gott für fünf Dinge am Morgen und am Abend beim Zähneputzen. Zum Beispiel für deine Gesundheit. Für ein positives Erlebnis. Es gibt genügend Gründe. Es hat jemand einmal gesagt: *Jeden Morgen lese ich mir in der Zeitung die Todesanzeigen durch. Wenn mein Name nicht drin steht, mache ich froh und dankbar weiter.* Und darum:

Sei fröhlich in Hoffnung! So wie zu den Vögeln das Fliegen, so gehört die Freude zu einem Christen. Zeig das. Strahl das auch aus.

Habt Ihr mal die „Vorher-Nachher-Rubrik“ in der Zeitung gesehen? Da treten ganz normale Frauen auf, denen von professionellen Friseuren, Visagisten und Kleidungsexperten zu einem völlig neuen Aussehen verholfen wird. Wenn die Frauen dann wieder vor die Fotokamera treten, strahlen sie über das ganze Gesicht, voller Freude über ihr neues Aussehen. So darfst doch auch du strahlen, wenn die Hoffnung des Glaubens in dir steckt!

Sei fröhlich in Hoffnung! Selbst wenn du nach einer schwierigen Nacht nicht gut drauf bist, denk daran: Wer morgens zerknittert in den Spiegel schaut, soll wissen, dass der Herr noch viele Entfaltungsmöglichkeiten für ihn bereit hat.

Und nun das Zweite: Ein Fahrgast beschwert sich: *Der Zug hat inzwischen 70 Minuten Verspätung!* Der Schaffner: *Nur Geduld, mein Herr. Ihre Fahrkarte ist schliesslich noch ein paar Tage gültig!* -Und damit haben wir schon die zweite Zutat: Geduld.

Die zweite Zutat lautet: **Geduldig in Trübsal.** Das heisst: Sei geduldig, wenn du dich bedrängt und bedrückt fühlst. Sei geduldig, wenn es kaum oder nur langsam vorwärts geht in deinem Leben. Sei geduldig, wenn du kurz davor bist, aufzugeben. Es lohnt sich für dich, geduldig zu sein! Hast du das gewusst? Edison, der Erfinder des elektrischen Lichtes hat angeblich 12 000 Versuche nötig gehabt, um das elektrische Licht zu erfinden. Bist du auch so froh wie ich, dass er nach dem 11 999. Versuch geduldig dran geblieben ist? *Sei geduldig in Trübsal!* Denn eine Schwierigkeit, die dir so viel Geduld abverlangt, kann ein verborgener Diamant sein. Eine schwierige Sache kann deinem inneren Wachstum dienen. Das kann eines der Werkzeuge sein, welche Gott verwendet, um dich voranzubringen. Hebt bitte einmal die Hand: Geht von euch jemand gerne zum Zahnarzt? –Keiner. Dachte ich mir es doch. Man erzählt mir neulich von einem Zahnarzt, den man überall den „Heiligen Bohrer“ nannte. Er war fachlich bekannt und geschätzt, aber auch dafür, dass er an Gott glaubte. Übrigens hat auch sein Vater diesen besonderen Namen erhalten. Der ist auch schon ein Bohrer im Namen des Herrn gewesen.

Den Heiligen Bohrer kann auch Gott bei uns Menschen ansetzen. Der Bohrer ist nicht unbedingt beliebt, aber dennoch oft nötig für eine gute Behandlung. In jedem Fall hilft er dir. Am Ende sind die Schmerzen dir zum Guten und positiv. Überlege bei dir im Rückblick auf dein Leben, wo das so war. Auch aus negativen Dingen kann Gott etwas Positives entstehen lassen. Was ich an mir und anderen erlebt habe:

Ein Scheitern als Segen. Eine Niederlage als der Start zum endgültigen Durchbruch. Eine Krankheit als wichtige Erfahrung. Ein vergessener Termin als beste Gelegenheit. Ein Zusammenbruch, um sein Leben neu zu ordnen. Geh auch einmal dein Leben nach solchen Ereignissen durch, Ereignissen, die erst unangenehm –aber dann wichtig für dich waren. Überlege dir nun auch für die Zukunft, wenn du in eine schwierige Situation gerätst: Was wäre, wenn jetzt dieses Ereignis das Beste ist, was mir passieren kann? *Sei geduldig in Trübsal!* Geduld will Gott dir schenken! Ja, sie gehört zur Grundausstattung eines jeden Christen dazu. Geduld ist eines der Geistesgaben Gottes. Bitte Gott immer wieder darum, dass er sie dir gibt! Noch zwei Bonus- Praxistipps: Geh deiner Ungeduld auf den Grund: Steckt eine Sorge dahinter? Übergib sie Gott. Betrachte deine Mitmenschen(etwa am Schalter bei der Post oder sonst wo) als deine von Gott geschickten Geduldstrainer. Manager zahlen dafür oft 1000e Franken für Geduldsseminare. Gott schickt sie dir gratis.

Sei fröhlich in Hoffnung, geduldig in Trübsal- und jetzt kommt die dritte Zutat für dein Leben. Sie lautet**: Sei beharrlich im Gebet!**

Ich habe hier ein Straussenei. Bei einigen sehe ich setzt Sorgenfalten. Nein, hab' keine Angst. Es besteht keine Gefahr, das Ei ist präpariert. Da schlüpft jetzt nichts während des Gottesdienstes aus! Aber: Weisst du eigentlich, was in so einem Straussenei in freier Wildbahn vor sich geht? Neulich lese ich dazu folgendes: Straussenküken brauchen 39 Tage bis sie schlupfreif sind. Ihre Lungen funktionieren jetzt. Durch die Poren in der Eierschale hat sich eine Sauerstoffblase im Ei gebildet. Da steckt der kleine Strauss nun seinen Schnabel hinein und atmet. Aber der Sauerstoff reicht nur für einen Tag. Und das Küken hat, anders als Hühnerküken, keinen Eizahn auf dem Schnabel. Wie kommt es aus dem Ei? Ich habe mir sagen lassen: Das Straussenküken klopft von innen an die Schale. Wenn der Altvogel das hört, kniet er sich angeblich vor das Ei und zerdrückt mit seinem Brustpanzer die Schale. So kann das Junge ausschlüpfen. Was für ein ansprechendes Bild. Man kann es direkt auf das Leben übertragen: Wie oft sind wir hinter einer dicken Schale gefangen und es will uns fast den Atem verschlagen. Da ist die Einsamkeit, die viele Menschen quält. Oder Mutlosigkeit. Oder ein Sorgenpanzer. Was kannst du dann tun? Auch du kannst anklopfen. Denn Gott, unser Vater im Himmel, wird dich hören.

Nutze doch deine Leerlaufzeiten, um mit Gott zu sprechen, beim Coiffeur. Oder bis dein Wasser zum Eierkochen endlich soweit ist, die Schuhcreme an deinem Schuh getrocknet ist, usw. Nutze das alles als Zeit zum Gebet für dich: Und: Betrachte auch jede Unterbrechung als Gelegenheit, eine Pause zum Gebet für andere einzulegen. Sei es beim Warten beim Metzger in der Schlange, wenn du Vegetarier bist, gilt das entsprechend für den Gemüseladen. Schau dir die Menschen an und lege ein kurzes, stilles Gebet für sie ein. Oder: Eine Frau betet tatsächlich beim Trampolinspringen. *Beharrlich beten,* das heisst auch: Gebetslisten anlegen und systematisch durchbeten. Leg dir eine Gebetsliste nach Wichtigkeit an. *Beharrlich beten,* das heisst: Einfach beten. Immer wieder einfach loslegen und unkompliziert. Und leidenschaftlich. *Sei beharrlich im Gebet:* Ergreif dann bitte auch wirklich die Gelegenheiten, die Gott dir hinhält. Wieder einmal passiert es: Ein Mann treibt mitten im Ozean und ist kurz vor dem Ertrinken. Kommt ein Schiff und bietet ihm Hilfe an. *Nein,* sagt der Mann, *ich warte darauf, dass Gott mich rettet.* Ein paar Minuten später ein Hubschrauber über ihm. Der Pilot ruft ihm zu: *Halten Sie sich an dem Seil fest. -Nein,* ruft der Mann zurück, *ich warte darauf, dass Gott mich rettet.* Kurz darauf taucht ein U-Boot auf, und die Luke öffnet sich. *Schwimmen Sie hierhin, dann können wir Sie hereinziehen,* schreit der Kommandant. *Nein,* brüllt unser Mann zurück, *ich warte darauf, dass Gott mich rettet.* Schliesslich, als keine Hilfe mehr in Sicht ist, schaut der Mann zum Himmel und fragt: *Lieber Gott, warum rettest du mich nicht?* Und eine Stimme aus den Wolken antwortet: *Ich habe dir ein Schiff, einen Hubschrauber und ein U-Boot gesandt. Aber du hast meine Angebote nicht genutzt.*- So kann es gehen.

Manchmal ist das Gebet auch eine Ausrede, untätig zu sein. So nach dem Motto: Ich will weiter beten, bis es mir passt. Du mache das anders: Wenn Gott dir eine Möglichkeit schenkt, dann pack zu.

Seid fröhlich in Hoffnung, geduldig in Trübsal, beharrlich im Gebet! So schaffst du es. So kommst du weiter. Das sind tatsächlich drei ausgezeichnete Zutaten für ein gutes Leben. Amen.

„Ärgere dich ---richtig!" Epheser 4, 26 und 32

Zürnt ihr, so sündigt nicht; lasst die Sonne nicht über eurem Zorn untergehen. Seid aber untereinander freundlich und herzlich und vergebt einer dem andern, wie auch Gott euch vergeben hat in Christus.

Wir schreiben das Jahr 1978. Beim Staubsaugen in seinem Wohnhaus ärgert sich James Dyson masslos. Was ist passiert? Schon wieder verliert sein Staubsauger an Saugkraft. Grund dafür ist wie immer der verstopfte Staubbeutel. Am liebsten will unser Mann seinen Staubsauger an die Wand schmeissen. Doch in seinem Ärger setzt er sich hin und entwickelt einen neuen -beutellosen- Staubsauger. Dieses Gerät tritt seinen Siegeszug um die Welt an. Die Queen, Bill Clinton und ihr vielleicht auch, habt so einen Staubsauger. Keine Angst ihr seid heute nicht auf einer Werbeverkaufsveranstaltung für Haushaltsgeräte. Aber eines ist doch interessant: Heute ist dieser Dyson Multimillionär, weil er seinen Ärger zu was Positivem benutzt hat. **Unser Thema heute lautet: „Ärgere dich richtig!"** Und genau das ist der erste Punkt: **Benutze deinen Ärger!** Benutze ihn positiv! Gott hat uns das Gefühl des Zorns, des Ärgers gegeben. Dass ich mich ärgern kann, ist daher in Ordnung. Davon geht auch unser heutiger Text aus, wenn es da heisst: *Zürnt ihr....* Hier steht nämlich nicht: *Ärgern verboten!* Das Entscheidende aber ist, was du aus deinem Ärger machst! Darum ist der erste Punkt eben: Benutze deinen Ärger. Benutz ihn positiv!

Lies einmal zu Hause in deiner Bibel nach: Wenn Jesus sich ärgert, dann will er immer etwas zum Positiven verändern. Verändern zum Beispiel das engstirnige Verhalten der Pharisäer. Oder wenn Jesus im Tempel aufräumt. Oder wenn Jesus sich für Schwache einsetzt. Jesus ärgert sich nicht sinnlos oder aus schlechter Laune, sondern um etwas Positives tun.

Nutze auch du so deine Ärger-Energie, um etwas zu verändern. Der Patient sagt zum Arzt*: Ich ärgere mich so. Denn beim Kaffeetrinken tut mir immer das rechte Auge weh. Wie kann ich das abstellen?* -Darauf der Arzt: *Probieren Sie mal, beim Trinken den Löffel aus der Tasse zu nehmen.* Ja, so mancher Ärger lässt sich ziemlich schnell positiv abstellen.

Ich selbst habe mich wieder einmal so geärgert, als ich lange Unterlagen bei mir im Regal suchen musste. Ich habe vor lauter überfüllten Ordnern die Übersicht verloren. Da habe ich mir neue Ordner gekauft. Mehrere Abende hat es zwar gedauert, bis alles übersichtlich abgeheftet war. Doch jetzt ich finde mich endlich wieder zurecht. Ich sage dir: Mit welch einem Glücksgefühl trete ich jetzt an mein Regal! Mache das auch so: Benutze wie Jesus deinen Ärger zu was Positivem: Mache dir mal eine Liste. Schreibe auf, worüber du dich regelmässig ärgerst. Und dann gehe Punkt für Punkt durch und überlege dir, wie du diese deine Ärger –Energie benutzen kann. **Benutze deinen Ärger!**

Und nun das Zweite: Es ist einige Jahren her: Percy und Florence Arowsmith feiern ihren 80. Hochzeitstag. Es ist der Weltrekord der ältesten Ehe. Er ist da 105, sie 100. Auf die Frage, was ihre Ehe erhalten habe, geben beide folgendes an: Sie gehen nie zu Bett im Streit. Sondern halten jeden Abend die Hände und geben sich einen Kuss, bevor sie einschlafen. Egal, was vorher war. Weisst du, wie viele Küsse das in 80 Jahren Ehe gibt? Das sind 29200 Küsse, Schaltjahre noch gar nicht mitgerechnet. Das Wichtigste aber ist: Die beiden haben unseren heutigen Bibeltext angewendet: *Lasst die Sonne nicht über eurem Zorn untergehen!* Und das ist eben das Zweite: **Begrenze deinen Ärger!** Setze deinem Ärger eine zeitliche Grenze! Stell dir regelmässig die Frage: Wie lange willst du wütend sein? Eine Woche, ein Jahr, ein Leben lang? Ist dir das deine Wut wirklich wert? Lebe es ab heute: *Lass die Sonne nicht über deinem Zorn untergehen!* Begrenze deinen Ärger!

Setze deinem Ärger auch die Grenze der Angemessenheit! Paulus sagt: *Sündigt nicht, wenn ihr zürnt.* Behalte das immer im Blick! Frage dich: Bist du in deinem Zorn dabei, eben das zu tun? Ist es wirklich angemessen, immer noch eins drauf zu legen? Sprich mit Gott darüber, damit du rechtzeitig den Teufelskreis der Vergeltung unterbrichst! Auf einigen Postsendungen steht manchmal: *Annahme verweigert!* Mache das auch so. Sage ab sofort: *Im Namen von Jesus Christus verweigere ich hiermit die Annahme dieses unangemessenen Ärgers!* Da ist dein Bus weg. Jetzt kannst du ausflippen. Einen wütenden Tanz an der Haltestelle aufführen. Oder deinem Ärger sagen: *Annahme verweigert!* Und dich in ein Café setzen. Und auf den nächsten Bus warten. Oder du stehst im Stau. Da kannst du wütend ins Lenkrad beissen. Oder sagen: *Annahme verweigert*! Und du kannst dich zurücklehnen und denken, wie schön es in deinen Ferien war. Und in allem Ärger daran denken: Millionen andere auf der Welt würden gerne einmal an deiner Stelle im Stau stehen- denn sie haben gar kein Auto. Oder: Jemand entwendet dein altes Fahrrad. Du könntest jetzt ausrasten. Oder sagen: *Annahme verweigert!* Denn du nimmst dies als beste Gelegenheit, endlich ein neues Modell zu kaufen. –Und du sparst dir noch die Entsorgung des alten Vehikels. Begrenze deinen Ärger!

Setze deinem Ärger auch eine Grenze der Ehrlichkeit! Zorn kann sich auch dadurch abmildern, indem man ehrlich bei sich nachfragt: Betrifft mich das vielleicht auch selbst, worüber ich mich da gerade beim anderen ärgere? Eine interessante Frage! Wie sagt Jesus: Wer einen Splitter im Auge eines Mitmenschen sieht, soll damit rechnen, dass sich eventuell ein Balken im eigenen Auge befindet. Stell dir vor: Eine Frau hatte ihre Freundin zu Besuch. Beim Kaffeetrinken erzählt sie ihr, wie unordentlich ihre Nachbarin von gegenüber ist: *Schau dir bloss mal ihre Wäsche an, die da draussen auf der Leine hängt. Es ist eine Schande, solch eine Nachbarschaft zu haben. Siehst du die dunklen Streifen auf ihrer Wäsche?* Die Freundin geht zum Fenster und schaut hinüber in den benachbarten Garten. Dann dreht sie sich um und sagt: *Meine Liebe, die Wäsche da drüben ist ganz sauber. Die dunklen Streifen sind auf deiner eigenen Fensterscheibe!* Und darum: Begrenze deinen Ärger. Frage dich beim nächsten Mal: Wie kannst du zeitlich, angemessen und ehrlich deinem Ärger eine Grenze setzen. **1. Benutze deinen Ärger! 2. Begrenze deinen Ärger!**

Und nun das Dritte. Es ist superwichtig**: Beende deinen Ärger!** Paulus gibt dir dazu zwei Hinweise: Er zitiert einmal in unserem Bibeltext einen Vers aus Psalm 4, nämlich Vers 5. *Da steht: Zürnet ihr, so sündiget nicht; redet in eurem Herzen auf eurem Lager und seid stille.* Das ist eine echte, effiziente, erfolgreiche Ärgerbeendigungsmethode. Du kannst in die Stille gehen und deinen Ärger aussprechen. Nutze die Zeit vor dem Schlafengehen: Rede da deinen Ärger vor Gott ab. Und Hinweis zwei: Alten Ärger weg-geben, geht auch und gerade am besten durch Ver-geben. Paulus, sagt... *vergebt einer dem andern, wie auch Gott euch vergeben hat in Christus.* Was dir wirklich hilft, ist Vergebung. Vergebung, die aus der Kraft von Jesus Christus kommt. Paulus ergänzt: *Zeigt euch freundlich und herzlich gegeneinander!* Redest du im Auftrag von Jesus freundlich mit dem, der seinen Fehler echt bereut? - Bitte mache das! Wobei: Zum Verzeihen braucht es nicht einmal zwei. Du kannst auch allein, ja sogar heimlich einem anderen verzeihen. Wer verzeiht, übernimmt wieder die Verantwortung über sein Leben. Wer nicht verzeiht, der wird gelebt. Verzeihe schon aus Selbstschutz, am besten aber aus deinem Glauben an Jesus Christus.

Wenn mir selbst die Motivation zur Vergebung fehlt, muss ich immer an Uwe Holmer denken. Von ihm habe ich gelernt, welche befreiende Wirkung Vergebung haben kann. Durch die Ereignisse im Herbst 1989 wird Erich Honecker als DDR-Staatschef entmachtet. Nach seiner Entlassung aus dem Krankenhaus ist er obdachlos. Und da war es Familie Holmer, die sich bereit erklärt hat, den Ex-Diktator in ihr Pfarrhaus aufzunehmen. Während sich der Hass der Bevölkerung immer stärker gegen den ehemaligen Unterdrücker richtet, setzt Holmer damit ein Zeichen der Vergebung. In einem Rundbrief erklärt er, dass seine Familie diesen Schritt nicht aus Sympathie mit dem alten Regierungssystem getan hat. Denn man stelle sich vor: Von zehn Kindern haben die Holmers für acht einen Antrag auf den Besuch der Oberschule gestellt. Keines von ihnen wurde angenommen, trotz bester Zensuren. Nach Jahren innerer Kämpfe haben Holmers jedoch heute darüber keine Bitterkeit mehr im Herzen. Denn sie sind jetzt frei, da sie endlich vergeben haben. Das ist doch grossartig, wie diese Familie im Namen von Jesus Christus so jemandem vergeben hat. Jemandem, der ihnen so viel Ärger gemacht hat! Bitte Jesus Christus darum, dass er dir schon bei alltäglichen Auseinandersetzungen die Kraft dazu gibt, deinen Ärger zu beenden.

Unser Thema heisst: **„Ärgere dich richtig!"** Dazu braucht es weiterhin Übung. Man setzt sich ja auch nicht ein einziges Mal ans Klavier, probiert und sagt: *Kann ich nicht,* und klappt den Deckel wieder- sondern, was tut man? Weiterüben! Folgende Schritte werden dir dabei helfen: **1. Benutze deinen Ärger! 2. Begrenze deinen Ärger! 3. Beende deinen Ärger!** So hast du Gewinn davon. So wächst dein Glaube. So ärgerst du dich richtig. Amen.

„Vergiss nicht zu danken!“ Epheser 5,20.

Sagt Dank Gott, dem Vater, allezeit für alles, im Namen unseres Herrn Jesus Christus.

Ihr alle habt einen. Ich bin mir sicher. Ihr habt einen grösseren oder kleineren. Eingebaut oder freistehend. Ihr habt einen, damit kein Schlamm über eurem Joghurt wächst und damit eure Milch schön frisch bleibt. Ihr habt einen Kühlschrank.

Unser heutiges Thema lautet: „**Vergiss nicht zu danken!**“ Und Dankbarkeit ist auch wie eine Art Kühlschrank für dich. Denn Dankbarkeit hält deinen Glauben und dein Leben frisch, fröhlich und zufrieden. Darum mache, was der Apostel Paulus sagt: **Sage Gott danke!** Das ist der erste Punkt.

Nimm dir zB jeden Tag einen Buchstaben des ABC vor, um Gott zu danken! Heute zB das „G“ Sage Gott danke für G wie Gottes Schöpfung. Danke für die Luft zum Atmen. Für die Berge, die Tiere- und die Pflanzen oder… *Sag mal, hast du Gott jemals für die Erdumlaufbahn gedankt?* -So stösst mich neulich jemand an. Ich darauf: *für die WAS?*- Doch dann denke ich. Der Mann hat recht: Du lebst auf einem Planeten, der sich mit 1600 km pro Stunde um die eigene Achse dreht. Zusätzlich zu dieser schnellen Drehung rast unser Planet noch mit 100 000 km/h durchs Weltall. Ist das nicht ein Wunder, für das wir Gott danken dürfen? Und wenn der Abstand von der Sonne zur Erde zu klein wäre, würden wir gegrillt. Bei einem zu grossen Abstand ist die Erde eine riesige Eiskugel- aber ohne Waffel und Sahne. Darum preise Gott, dass er die Erdumlaufbahn so eingerichtet hat und für dich am Laufen hält.

Sage Gott danke für G wie Geburt. Du darfst Gott für dein Leben danken. Oder: Sage Gott danke für G wie Glauben! Und wir dürfen danken für den Glauben. So lesen wir auch im Epheserbrief, in Kapitel 2,8: *Aus Gnade seid ihr errettet durch den Glauben, und das nicht aus euch, Gottes Gabe ist es.* Der Glaube ist ein Geschenk von Gott. Denn du hast dich nicht selbst zum Christen gemacht, sondern Gott hat dein Herz umgewandelt. Es ist ein gewaltiges Vorrecht, glauben zu dürfen! Danke Gott für diesen Glauben! Schon allein, wenn du anfängst nur über den Buchstaben „G“ nachzudenken, kannst du feststellen: Wir haben einen grossartigen Gott!

Und darum: Sage Gott danke! Denn Dankbarkeit hält deinen Glauben und dein Leben frisch. Klebe dir doch ein Schild an deinen Kühlschrank, wo drauf steht: *Vergiss nicht zu danken!*

Doch Paulus geht noch einen Schritt weiter. Paulus sagt: *Danke Gott allezeit für alles.* Jetzt könntest du vielleicht über diesen Satz die Stirne runzeln: *Allezeit danken! Geht denn das?* In diesem Zusammenhang bin ich neulich zum Thema „Dankbarkeit" auf folgenden Text gestossen Überschrift: *Ich bin dankbar!*

Ich bin dankbar: für die Steuern, die ich zahle, weil das bedeutet, ich habe Arbeit und Einkommen. Für die Hose, die ein bisschen zu eng sitzt, weil das bedeutet, ich habe genug zu essen. Für das Durcheinander nach der Feier, das ich aufräumen muss, weil das bedeutet, ich war von lieben Menschen umgeben. Für die Fenster, die geputzt werden müssen, weil das bedeutet, ich habe ein Zuhause. Für die Beschwerden über die Regierung, weil das bedeutet, wir leben in einem freien Land und haben das Recht auf freie Meinungsäusserung. Für die Parklücke, ganz hinten in der äussersten Ecke des Parkplatzes, weil das bedeutet, ich kann mir ein Auto leisten. Für die Frau in der Gemeinde, die hinter mir sitzt und falsch singt, weil das bedeutet, dass ich gut hören kann. Für die Wäsche und den Bügelberg, weil das bedeutet, dass ich genug Kleidung habe. Für den Wecker, der morgens klingelt, weil das bedeutet, mir wird ein neuer Tag geschenkt. Ja, ich bin Gott dankbar! -Da wird einem doch klar: Es gibt vielleicht auf den ersten Blick Dinge, die unangenehm sind. Es gibt Dinge, da will man nicht allezeit danken. Und da lohnt sich ein zweiter Blick. Danke Gott allezeit für alles. Zudem will Paulus dich hinführen. Paulus will dich anregen zu diesem zweiten Blick. Nimm dir vor in der neuen Woche, nicht vorschnell etwas zu bejammern, sondern alles mit diesem zweiten Blick zu betrachten.

Danke Gott allezeit für alles. Neulich sehe ich ein Bild von einem aussergewöhnlichen Grabstein. Was ist das, was ich da gesehen habe? Es ist das Lied, das wir vor der Predigt gesungen haben: *Grosser Gott, wir loben dich!* - An der Stätte des Todes und der Trauer sollen die Besucher angeregt werden, Gott zu loben!

Vielleicht denkst du jetzt: Das sind ja alles nette Beispiele. Da ist jemand nach einem erfüllten, langen Leben gestorben und da steht dann so etwas Positives über seinem Grab. Aber wenn nun wirklich etwas extrem Schlimmes passiert? Gilt das dann auch? Danke Gott allezeit für alles?

Es ist schon einige Zeit her. In Zermatt war es. Ein junger Mann ist da tödlich verunglückt. Ein Skilehrer, gerade 26 Jahre alt. Er hat eine Lawine ausgelöst und wird deswegen selbst verschüttet. Seine Eltern sind am Boden zerstört. Doch sie haben zwei Wünsche. Eine Andacht an der Unfallstelle in 2600m Höhe. Aber die Eltern wünschen sich noch etwas, nämlich dass wir eben dieses Lied, *Grosser Gott wir loben dich*, nach meiner Predigt singen. Ich muss innehalten und schlucken, als die Eltern mir das sagen. *Ich frage vorsichtig zurück: Wollt ihr das wirklich?* -Und sie fügen hinzu: *Ja! Wir wollen es singen aus Dankbarkeit für die viel zu kurze, aber schöne Zeit mit unserem Sohn. Er hat so viel an Liebe und Freude gegeben. Dafür wollen wir Gott danken.* -Am Tag der Trauerfeier steige ich in die Seilbahn. Mir gegenüber sitzt die Verlobte des toten jungen Mannes. Sie hält die Urne fest in ihrem Arm. Oben an der Unfallstelle warten schon viele Skilehrer-Kollegen und haben einen grossen Kreis mit ihren Skiern gebildet. Und sie tun es wirklich. Die Eltern, die Kollegen und seine Verlobte stimmten mit ein. Sie singen: *Grosser Gott, wir loben dich.* Viele hatten Tränen in den Augen, aber sie standen offensichtlich hinter dem, was sie sangen.

Ich weiss, das ist ein sehr persönliches und spezielles Beispiel. Es lässt sich nicht auf jede Not und jedes Elend übertragen. Und vielleicht auch nicht auf dich. Bei dir selbst ist das eventuell wieder anders. Aber die Angehörigen dieses jungen Mannes haben mich gelehrt, wenn es einem von Gott geschenkt ist: Dann kann man sogar in solch extremen, unfassbaren und so niederdrückenden Fällen Spuren der Dankbarkeit finden. Sogar da.

Sage Gott danke! Danke Gott für alles allezeit! Und nun noch kurz zum Schluss. Paulus sagt: **Danke Gott im Namen von Jesus Christus!** Warum formuliert Paulus das so: *Im Namen von Jesus Christus danken?*

Schau, was ich hier habe. Es ist ein Weltstecker. Auf der ganzen Welt in jedem Land, ob in China, in Australien oder in der Südsee: dieser Verbindungstecker gibt dir überall Anschluss. So ist es auch mit Jesus Christus. Er ist für uns auf der ganzen Welt unsere Verbindung zu Gott. (Bist du schon angeschlossen?). In allen unseren Anliegen, wenn wir Gott bitten und- auch wenn wir Gott danken. Lasst uns Gott im Namen von Jesus Christus danken. Denn in Jesu Namen liegt für uns Christen Kraft. Selbst dann, wenn wir müde sind. Selbst dann, wenn wir verzweifelt sind. Selbst dann, wenn es uns schwer fällt, Dankbarkeit zu zeigen und in Worte zu fassen: Danken gibt Kraft! Das hat Paulus selbst erlebt. Sogar im Gefängnis. Weil Dankbarkeit im Namen von Jesus solche Macht hat, tun wir es: Darum danken wir in seinem Namen. Danke Gott im Namen von Jesus Christus. Das vertieft auch deine Dankbarkeit. Es erinnert dich daran, was er alles für dich getan hat und tut. Als dein Erlöser und Retter. Und es baut dich auf. Alle Tage ist er bei dir. Auch jetzt in der neuen Woche. Auch jetzt in deinen Schmerzen. Auch jetzt in deinen Fragezeichen. Auch im Tod ist er bei dir. Ja, er schenkt dir ein ewiges Leben.

Und darum**: Vergiss nicht zu danken!** Entwickle einen Lebensstil der Dankbarkeit. Übe das jeden Tag. Das wird dein Leben durch und durch positiv verändern. Tu drei Dinge: **Sage Gott danke! Danke Gott allezeit für alles! Danke ihm im Namen von Jesus Christus!** Amen.

„So wirst du mit deinen Sorgen fertig!" Philipper 4,6f.

Sorgt euch um nichts, sondern in allen Dingen lasst eure Bitten in Gebet und Flehen mit Danksagung vor Gott kundwerden! Und der Friede Gottes, der höher ist als alle Vernunft, bewahre eure Herzen und Sinne in Christus Jesus.

Fast auf den Tag genau vor 20 Jahren beginnt ein hochinteressantes Experiment. Man hat in den USA eine riesige Kuppel aus Glas und Stahl gebaut. Unter dieser Kuppel leben acht Freiwillige. Draussen kann es stürmen, können die Steuern erhöht werden oder die Benzinpreise steigen. Darüber machen diese acht Personen sich überhaupt keine Sorgen mehr. Man hat das Experiment begonnen mit dem Ziel, einmal so eine Glaskuppelsiedlung im Weltraum aufzustellen. Meine Frage an dich aber ist: Hast du dich auch schon einmal nach solch einer schützenden Kuppel gesehnt? Halt dich fest: So eine Anti-Sorgen-Kuppel bietet Gott dir an! Das Thema heute ist: **„So wirst du mit deinen Sorgen fertig!"** Und der erste Schritt, um unter Gottes Anti-Sorgenkuppel zu kommen, lautet:

Sorg dich um nichts! Du hast richtig gehört. Gott sagt es dir heute persönlich durch unseren Bibeltext: Sorg dich um überhaupt nichts! Das ist Gottes Radikallösung: SCHLUSS MIT SORGEN!

Aber halt! So denkt jetzt vielleicht jemand unter euch. *Ich muss mich doch sorgen!* Mir hat neulich jemand gesagt: *„Sich keine Sorgen machen!" Das ist doch verantwortungslos! Das ist doch fahrlässig!* –Oder wie denkt ihr das?

Lasst uns auf diesem Hintergrund jetzt ein wenig Kopfrechnen. Merkt euch bitte die Zahl 40.

Denn 40% deiner Sorgen treten erwiesener Massen nie ein. Neulich höre ich von einem Beispiel, das mich darin bestärkt. Ein Grossteil der Sorgen, die wir uns machen, treffen nie ein. Hebt bitte einmal die Hand: Wer von euch wohnt zur Miete? Stell dir vor: Jemand erhält einen Brief seines Vermieters. Der Empfänger ist sich sofort sicher, um was es geht. Das ist schon wieder eine Mieterhöhung. Schlecht gelaunt legt er den Brief ungeöffnet auf die Seite. Erst ein paar Tage, dann eine Woche. Dann zwei Wochen. Dann drei. Jedes Mal, wenn er das Schreiben sieht, steigt in ihm der Ärger, die Verzweiflung, die Sorge hoch. Der Mieter denkt: *Wie soll ich denn das auch noch zahlen!* Irgendwann hält er es nicht mehr aus und reisst wütend den Brief auf. Er liest:

Sehr geehrter Herr Mieter, die Nebenkosten im letzten Jahr sind geringer ausgefallen, als angesetzt. Bitte teilen Sie mir mit, auf welches Konto ich Ihnen die eingesparten Vorauszahlungen gutschreiben kann. So kann es gehen! 40% deiner Sorgen treten nie ein! Das ist ein wichtiges Argument, warum du Gottes Geist und nicht den Sorgengeist über dein Leben bestimmen lassen sollst. Weil Gottes Geist führt und lenkt, der Sorgengeist dich nur nervt und sinnlos verrenkt.

Weiter: Zähl zur 40 die Zahl 30 dazu. Denn 30 % der Sorgen betreffen unveränderliche Tatsachen aus der Vergangenheit. Stell dir vor: Heute vor einem Jahr hat es geregnet. Kannst du daran durch deine Sorgen noch was ändern? Nein! Also, weg mit Sachen, die vorbei sind! Und wenn du in der Vergangenheit schuldig geworden bist oder sonst eine andere Sache auf dir lastet: Dann besprich das mit Jesus Christus. Leg es unter sein Kreuz. Dafür ist er da! Aber höre auf, dich über vergangene Dinge zu sorgen, die du nicht mehr ändern kannst.

Weitere 12% der Sorgen betreffen Meinungen anderer, auf die du persönlich keinen Einfluss hast. Nur Gott selbst, aber keinesfalls deine Sorgen werden etwas daran ändern können. Nach meiner Rechnung sind wir jetzt bei 82. Ist das richtig? Zähle noch 10 dazu. Denn weitere 10% der Sorgen drehen sich um die eigene Gesundheit. Deine Gesundheit wird durch Sorgen eher noch schlechter als besser. Wir werden darum deine Gesundheit nach der Predigt nicht deinen Sorgen, sondern ganz bewusst der Heilmacht Gottes unterstellen.

Wir fassen zusammen: 92% der Sorgen sind von vorne herein unnötig. Nur 8% der Sorgen betreffen wirkliche Probleme. Was machst du mit diesen 8% deiner wirklichen Probleme? Mache es wie Paulus: Paulus packt sie mit Gottes Hilfe an. Paulus kümmert sich aktiv um seine 8% Rest-Sorgen. Zum Beispiel in seinen Gemeinden. Davon kannst du in seinen Briefen lesen. Mache es wie Paulus: Sorg dich nicht, geh aktiv die Dinge an! Wir haben ja theoretisch noch die Möglichkeit, dass es im März schneit. Stelle dir vor: Es liegt Schnee vor deinem Haus. Du sorgst dich: Hoffentlich rutscht da niemand aus. Was wäre, wenn doch? Nicht auszudenken, was für Folgen! Nutzt es da zu sorgen? Nein, sondern endlich die Schneeschaufel in die Hand zu nehmen! Und darum: Zerstreue deine Sorgen, indem du sie mit Gottes Hilfe in Aktionen umwandelst. Tu, was du tun kannst. Und dann bitte: **Sorg dich um nichts!** Wenn du aber das Deine getan hast, dann mache folgendes:

Übergib deine Sorgen Gott! Denn Gott denkt weiter, blickt weiter, handelt vorausschauender als du es dir je vorstellen kannst. Und darum: Übergib deine Sorgen Gott!

War jemand von euch ist in den letzten vier Wochen irgendwo eingeladen? Zum Beispiel auf einem Geburtstag oder zu einer Hochzeit oder zu irgendeinem Jubiläum? -- Wie ist das denn? Wenn man eingeladen ist, da muss man sich doch nicht sorgen, denn dann wird doch für einen gesorgt? Ich hoffe jedenfalls, niemand von euch würde zu einer Geburtstagsfeier gehen mit dem Gedanken: *Hat mein Gastgeber auch genug Salat eingekauft? Hat er die Getränke richtig eingelagert? Funktioniert sein Elektroherd?* So denkst du doch hoffentlich nicht, oder? Du bist vielmehr da und feierst und bist um nichts besorgt, weil jemand anderes für dich sorgt. Das meint Paulus hier: *Sorgt euch nicht, denn da ist doch euer Herr und Gott, der für euch sorgt.* Alles können wir Gott überlassen. Gott ist nichts zu unwichtig, nichts zu klein, nichts zu schwierig, dass es nicht auf Gottes Schreibtisch passt. Und darum: Übergib die Sorgen Gott! Gott bietet dir im Gegenzug seinen Frieden an, einen Frieden, der alles andere übersteigt. Hast du schon diesen Frieden? Im Text steht:*..der Friede Gottes, der höher ist als alle Vernunft, bewahre eure Herzen und Sinne in Christus Jesus*. Das Wort, das hier mit *bewahren* übersetzt wird, stammt aus der Militärsprache und bedeutet *bewachen.* Die Philipper wohnen in einer Garnisonsstadt. Und die Philipper wissen: Bevor der Feind in die Stadt gelangt, muss er an der Wache vorbei. Gott macht uns das gleiche Angebot. Er ist deine Anti-Sorgen-Wache. An ihm kommt keiner vorbei. Der Herr bewahrt dich wirklich. Und darum: Sorg dich um nichts! -Wenn du dem Herrn dein Leben übergeben hast, dann übergib ihm folgerichtig auch deine Sorgen. Und zwar in allen Dingen!

Schliesslich: **Nutze die Kraft der Dankbarkeit!** Auch diesen Rat von Paulus befolge ganz bewusst. Überlege in Sorgenphasen: Wo kannst du dankbar für Gottes Hilfe in der Vergangenheit sein? Erinnere dich daran! Vergesslichkeit ruft Sorgenattacken hervor. Und darum: Nutze die Kraft der Dankbarkeit!

Nutze das David-Prinzip. Du kennst die Geschichte von David und Goliath. Manchmal kommen Kindern wie Erwachsenen Sorgen goliathmässig gross vor. Mache es so wie David: David erinnert sich vor dem Kampf mit Goliath dankbar an Gottes Hilfe: David sagt: *Der HERR, der mich von dem Löwen und Bären errettet hat, der wird mich auch erretten von diesem Riesen Goliath.* Nutze auch du diese positive Rückschaumethode. Erinnere dich, wo Gott dir schon geholfen hat. Mache dir eine Liste mit 1.2.3.... Danke Gott für jeden einzelnen dieser Punkte aus deiner Vergangenheit. Bete und dann pack geführt von Gottes Geist mutig an, was vor dir liegt. Aber auch in der Gegenwart trocknet eine dankbare Einstellung den Sorgensumpf aus. Ein dankbarer Christ schützt sich schon im Vorgriff vor dem Sorgenvirus.

Werde darum ab heute zum Jäger. Werde zum Papierschnitzeljäger der besonderen Art. Stecke dir am Morgen 10 Papierschnitzel in die Tasche. Und immer wenn du für etwas dankbar sein kannst: Wirf einen davon weg. Das geht so: am Morgen aufgewacht, ein Schnitzel weg. Ein freundliches Telefongespräch gehabt, ein Schnitzel weg. Beim Mittagessen satt geworden. Ein Schnitzel weg. Mit Übung hast du schon am frühen Nachmittag eine leere Tasche. Dann danke Gott schon für all die Kleinigkeiten, über die du dich freuen kannst: Nutze die Kraft der Dankbarkeit! Alles das senkt deinen Sorgenspiegel schon im Voraus.

Ich weiss nicht, was aus dem Glaskuppelexperiment geworden ist. Aber Gottes Segenskuppel funktioniert. Dieser Herr und Gott sagt heute: *Deine Sorgen möchte ich haben!*

Und darum: **1.Sorg dich um nichts! 2.Übergib deine Sorgen Gott. 3. Nutze die Kraft der Dankbarkeit!** Dann wirst du ganz gewiss mit deinen Sorgen fertig! Amen.

„Nutze die Kraft des Glaubens!“ Philipper 4, 13

Ich vermag alles durch den, der mich mächtig macht.

Zwei Freunde fahren zum ersten Mal mit ihrem neuen Tandem. Also, so einem Rad für zwei. Die beiden sind gut mit dem Tandem unterwegs. Doch dann geht es einen anstrengenden Berg hinauf. Endlich oben angelangt, wischt sich der Vordermann den Schweiss von der Stirne und sagt: *Das war aber ein echt steiler Berg! – Ja,* nickt der Hintermann,... *und wenn ich nicht ständig gebremst hätte, wären wir bestimmt wieder vom Berg hinunter gerutscht.* Du schmunzelst vielleicht über dieses Beispiel. Und doch: Es gibt viele Bremsen, die dich am Glauben hindern möchten.

Unser Thema heute ist: **„Nutze die Kraft des Glaubens!“** Dazu tu zuerst weg, was deinen Glauben bremst. Das ist auch der erste Punkt:

Tu weg, was deinen Glauben bremst! Viele denken so: *Wenn ich nur jünger wäre...oder Wenn ich nur mehr Geld hätte...Wenn ich nur so begabt wäre, wie X oder Y. Wenn, wenn, wenn....–dann könnte vieles anders sein in meinem Leben.* Durch solche Sätze bremst du dich selber aus. So begrenzt du deinen Glauben. Mache das anders: Tu weg, was deinen Glauben bremst! Hör auf Paulus, der sagt: *Ich vermag alles durch den, der mich mächtig macht.* Wiederhole diesen Vers in der neuen Woche, immer wenn du dabei bist, kleinzudenken. Am besten sagst du dir diesen Satz schon am Morgen vor dem Badezimmerspiegel, wenn du in voller Pracht davor stehst: Ich vermag alles durch den, der mich mächtig macht. Und dann pack sie an: Pack sie an, deine Probleme. Pack sie an, die Dinge, die du schon so lange vor dir herschiebst. Pack sie an, die vielen Möglichkeiten, die Gott dir jeden Tag neu schenkt!

Ich vermag alles durch den, der mich mächtig macht. -Ich denke an Laura Wilkinson. Sie ist eine Kunstturmspringerin. Wenige Monate vor den Olympischen Spielen in Australien im Jahr 2000 passiert es: Laura bricht sich bei einem Trainingssprung dreifach den Fuss. Ihr Traum von der Teilnahme an den Spielen scheint zerstört. Trotzdem fährt sie nach Australien. Hinkend steigt sie auf den 10m -Turm. Sie zieht die Fussschiene aus. Und mit ihrem gebrochenen Fuss springt sie vom 10m -Brett. Und schafft es zur Goldmedaille. Weisst du was ihr Geheimnis ist? Du ahnst es: *Ich vermag alles durch den, der mich mächtig macht.* Genau dieser unser Vers ist auch der erste Satz nach ihrem Goldsprung zu den staunenden Reportern. Und auch wenn du die nächsten Tage nicht vom 10 m-Turm springst, so darf das auch deine Einstellung als Christ sein. Du packst mit dieser Einstellung die schwierigsten Situationen. Und darum: Tu weg, was deinen Glauben bremst! Entscheidend ist nun der zweite Punkt: Ein Junge müht sich vergeblich, einen grossen Stein hochzuheben. Sein Vater beobachtet ihn und fragt schliesslich: *Setzt du auch wirklich deine ganze Kraft ein? - Natürlich!* antwortet der Junge. *Nein, das stimmt nicht*, entgegnet ihm der Vater. *Denn du hast mich noch nicht um Hilfe gebeten!* Und daher ist der zweite Punkt:

Trau deiner Kraftquelle! Auch die steht klar in unserem Vers Ich vermag alles durch den, der mich mächtig macht. Wer ist dieser DEN? Es ist Jesus Christus, der Paulus "mächtig macht". Es ist Jesus, der Paulus Kraft gibt. Er ist es, der Paulus Mut gibt. Und auf Jesus Christus musst du hören. Ihm folgen. Ihm trauen. Denn ER ist die Quelle deiner Kraft! Das ist der entscheidende Punkt.

Wer ist das? Er hat einen blauen Anzug, einen rotem Umhang, einen Brustumfang wie ein Bierfass. Er kann fliegen, ist unverwundbar und hat Riesenkräfte. Wer ist das? –Richtig: Das ist Superman! Du darfst nicht denken, dass Paulus so ein Superman ist. Du darfst auch nicht meinen, dass dem Paulus in seinem Leben immerzu ein roter Teppich ausgerollt wird. Ich erinnere nur an die berühmte Stelle aus dem 2. Korintherbrief, wo Paulus im Rückblick auf sein Leben schreibt: Dreimal wurde er mit Stöcken geschlagen, einmal ist er gar gesteinigt worden; mehrfach hat er Schiffbruch erlitten, hatte Hunger und Durst und dann noch seine Sorge um die Gemeinden. Nein, so einfach hat es der Paulus nicht. Aber dennoch, Paulus hat es erlebt, selbst an den totesten aller Punkt, an den tiefsten Tiefpunkten, im schwärzesten aller Löcher- es geht doch immer wieder weiter, weiter durch seinen Glauben an Jesus Christus. Weil Paulus auf die Quelle SEINER Kraft schaut und traut. Und darum: Trau deiner Kraftquelle!

Ich vermag alles durch den, der mich mächtig macht. -Ich war erst eine Woche Pfarrer, stehe ganz am Anfang und da werde ich mit zwei ganz extremen Fällen konfrontiert. Eine 27jährige Frau hat eine Flasche hochprozentigen Alkohol auf einen Zug getrunken und ist durch Alkoholvergiftung tot in ihrer Küche zusammengebrochen. Zwei Tage später steigt ein Familienvater mit einem Gewehr auf den Dachboden seines Hauses. Er schiesst sich in den Mund und wird von seinen Angehörigen auf dem Dachboden gefunden. Ich selbst bin gerade auch noch mitten im Umzug. Das sind so Situationen, da droht alles um einen herum einzustürzen und man fragt sich: *Kann ich das jetzt überhaupt schaffen?* -Ich sage es euch ganz klar: Ohne diese Kraft Gottes, die Kraft des Herrn, hätte ich das nicht geschafft. Mit ihm aber schaffst du, was dir vorher unmöglich erscheint. Ich bekomme die Kraft, diese Trauergottesdienste zu halten und den Hinterbliebenen Trost zu geben. Ich habe es erlebt, dass es stimmt:

Ich vermag alles durch den, der mich mächtig macht. Und nicht nur ich, jeder Christ darf das erleben. Und darum: Trau deiner Kraftquelle! Halt dich an Jesus Christus! Durch ihn kannst du ein neuer Mensch werden. Durch ihn kann dein Charakter sich ändern. Durch ihn gibt es einen Weg für dein Problem. Die entscheidende Frage: *Bist du schon an dieser Quelle angeschlossen?* Falls du es noch nicht getan hast: Mache noch heute deinen Frieden mit Gott! **Tu weg, was deinen Glauben bremst! Trau deiner Kraftquelle!**

Und nun noch das Dritte, wie du die Kraft des Glaubens vollständig nutzt: **Tu was!** Wenn du willst, dass sich wirklich was bewegt, komm vom Glauben zur Tat. Dann nutzt du so recht und richtig die Kraft des Glaubens. Tu was! Tu etwas dadurch, dass du anderen beistehst.

Paulus zum Beispiel ist ein Briefschreiber. Frage: Wo kannst du jemandem schreiben(zur Versöhnung/ zum Trost/ zur Bestärkung). Trauernde, zum Beispiel, fallen oft in ein Loch so nach vier bis sechs Wochen. Kennst du jemanden in Deiner Strasse, Nachbarschaft, Bekanntenkreis auf den das zutrifft? Schreibe demjenigen. Es muss nicht lang sein. Schon ein kurzer, aufbauender Gruss, dass du an den anderen denkst, kann vieles bewirken. Tu was! Auch dadurch, dass du deinen Dank in Worte fasst. Schau auf den Zusammenhang unseres Verses. Paulus dankt hier den Christen in Philippi für ihren guten Willen zu seiner Unterstützung. Eigentlich hat Paulus durch Jesus Christus alles, was er braucht. Ob es ihm gut geht oder grottenschlecht. Aber das hat dem Paulus gut getan, dass die Philipper für ihn etwas tun wollen. Und das fasst Paulus in Worte. Das sollten wir auch viel mehr untereinander machen: Nicht immer nur auflisten, was mich an anderen nervt, was mir nicht passt. Sondern frage dich: Wo kannst du dankbar sein für die Hilfe durch andere oder schon für ihren guten Willen, ihre gute Absicht? Wichtig ist, dass du das auch zum Ausdruck bringst. Fange heute noch damit an: Wo sind Dankes-Kandidaten in deiner Nähe?

Tu was! Das heisst schliesslich: Verlasse durch die Kraft des Glaubens alte negative Bahnen. Eine Frage: Wer kennt von euch die „Lok 1414?“ Ich hatte eine Kinderplatte. Titel: "Die Lok 1414 geht auf Urlaub". Da ist eine Lok, die einfach einmal nicht nach Fahrplan leben will. Die Lok 1414 fährt raus aus ihren alten Schienen.

Das hörte ich als Kind sooft, dass ich heute noch vieles auswendig kann: *Von Altstadt nach Neustadt, von Neustadt nach Altstadt, viele lange Jahre, geht das immer zu und immer zu.* Da geht der Lok 1414 der immer selbe Trott auf die Nerven. Und vielleicht geht auch dir dein alter Trott auf die Nerven. Darum die Frage an Dich: Wo kannst du durch die Kraft des Glaubens negative eingefahrene Bahnen verlassen? Gehe mal dein Leben durch.

Rein zufällig stosse ich neulich auf 2. Mose 14, 14. Weiss du was da drin steht? - *Der HERR wird für euch streiten!* Das heisst doch: Gott selbst steht an deiner Seite, wenn du den Mut hast, etwas zu tun, etwas zu verändern. Und darum: Hole mehr „1414" in dein Leben. Fahre raus aus der Schiene der Bitterkeit. Fahre raus aus der Schiene der Verzagtheit. Fahre raus aus allen anderen eingefahrenen Schienen im Kopf. Wie sie auch heissen mögen. Du kannst das! Denn du hast als Christ die Kraft des Auferstandenen in dir. Denke daran in der neuen Woche! Lebe es, packe es an und handle danach: *Ich vermag alles durch den, der mich mächtig macht.* Nutze doch die Kraft des Glaubens! Amen.

„Die Trümpfe des Glaubens“ 2. Timotheus 1, 7.

Denn Gott hat uns nicht gegeben den Geist der Furcht, sondern der Kraft und der Liebe und der Besonnenheit.

Ungefähr vier Jahre war ich alt. Und ich hatte ein eigenes kleines Zimmer im zweiten Stock unseres Hauses. In der Nacht überkam mich zu dieser Zeit immer wieder eine grosse Furcht. Ich hatte nämlich den Eindruck, dass jemand mit seiner Hand gegen mein Fenster klopft. Es machte *bum, bum, bum!* Und dann gab es noch ein Geräusch, als würde jemand mit seinen Fingernägeln über das Fensterglas streichen. Könnt ihr euch das vorstellen, wie mir es da gegangen ist? Ich bin in der zweiten Etage und es klopft und kratzt jemand an meine Fensterscheibe! Ich dachte mir: *Was muss das für ein Ungetüm, ein Monster sein, das vor unserem Haus steht!* Man hatte darum grosse Mühe mich zu beruhigen. An einem Morgen kam schliesslich mein Grossvater mit einer Handsäge in mein Zimmer. Habt ihr eine Idee, was der Grund meiner Angst gewesen ist? -Ein Baum war die Ursache. Bei jedem etwas stärkeren Windstoss schlug er mit seinen Ästen gegen mein Zimmerfenster. Mein Grossvater sägte die betreffenden Äste ab und ab dieser Zeit hatte ich keine Furcht mehr.

Aber auch du: Egal wie alt du bist. Auch dich braucht keine Furcht zu plagen. Woher sie auch kommt. Denn in unserem Bibelwort heisst es: *Gott hat uns gerade nicht den Geist der Furcht gegeben.* Wenn dich Furcht und Unsicherheit überkommen, so tue das, was der Apostel Paulus hier dem verängstigten Timotheus rät: Erinnere dich an deine Vorbilder. Paulus sagt zu Timotheus: *Erinnere dich an deine Grossmutter und deine Mutter, die dir das Vertrauen auf Gott vorgelebt haben.* Direkte Frage an euch: Welche Glaubensvorbilder habt ihr? Aktiviere sie doch in schwierigen Situationen. Frage dich konkret: Wie würden diese meine Vorbilder jetzt reagieren. Was würden sie mir in meiner Unsicherheit sagen? Überlege dir das und handle dann danach! Und noch eins: Von Furcht befreit, werde mit Gottes Hilfe selbst zum Mutmacher für andere. Paulus sagt dem Timotheus, dass er für ihn betet. Dass er sich in seine Situation hineinfühlt. Dass er sich mit dem Timotheus verbunden weiss. Das alles fasst Paulus dann in Worte! Mache das regelmässig auch bei anderen! Denke nicht: Ach der andere weiss doch, dass ich ihn schätze! Er darf es immer wieder neu hören! Denn das baut ihn auf! Das hält Freundschaften oder auch andere Beziehungen zwischen Menschen zusammen.

Gott hat uns nicht gegeben den Geist der Furcht. Jetzt lasst uns darauf schauen, was Gott uns denn als seinen Leuten positiv mitgibt. Paulus nennt da drei Trümpfe! **Erstens ist da der Geist der Kraft.** Das ist ein gewaltiger Trumpf! Ward ihr schon einmal auf dem Monte Calvario in Domodossola? Das ist ja nur eine halbe Stunde von uns über die Grenze nach Italien. Da gibt es einen Weg auf diesen Berg mit vielen kleinen Kapellen. Die erste kleine Kirche hat es mir besonders angetan. Da ist nämlich auf einem Schild zu lesen, dass sie eine Zeit lang als Pulvermagazin genutzt wurde. Und es ist doch so: Auch unsere Kirchen, ja wir Christen selbst, sind im besten Sinne Pulvermagazine! Orte geistlicher Sprengkraft. Wir sind es. Denn im Griechischen steht da in unserem Bibeltext tatsächlich für Kraft "Dynamis". Davon ist das Wort "Dynamit" abgeleitet. Wir tragen positives Dynamit in uns! Wir besitzen geballte Sprengkraft. Stichwort Kraft: Das ist genau, was Timotheus gerade braucht, geballte Energiezufuhr von ganz oben. Und vielleicht denkst du dir auch: *Mir geht das genauso: Ich brauche manchmal Kraft, um überhaupt in den Tag zu gehen. Ich brauche Kraft, um meinen Tag durchzuhalten.* -Denke daran, Gott gibt sie dir und Gott will, dass du sie nutzt. Rechne in deinem Leben mit Gottes aufbauender umwälzender Kraft. Traue dieser Gotteskraft alles zu.

Neulich hörte ich von einer gläubigen Frau. Sie ist seit vielen Jahren blind. Die Bibel und ihr Glaube haben ihr den Mut und die Kraft gegeben, Konzertpianistin zu werden. Und nicht nur das. Dazu ist sie heute Klavierlehrerin für -höre und staune- von über 20 Schülern. Nichts konnte sie aufhalten, auch nicht alle Wenn und Aber. Keine Einwände und gutgemeinten Ratschläge ihrer Familie, ihrer Freunde und ihrer sonstigen Umgebung, konnten sie abhalten ihren Weg zu gehen. Da seht ihr, was das Dynamit des Glaubens alles kann. Er sprengt die grössten Vorurteile und Hindernisse weg! Denke auch bei dir daran: wenn es mal nicht so läuft im Leben, oder wenn du an deine eigenen Grenzen stösst. Dann bau auf die Kraft, die von Gott her kommt und hör nicht auf die oft kraftlosen Gedanken, die von Menschen kommen. Du denkst vielleicht: *Ich fühle mich so schwach.* Denke dann an das Wort, das Paulus in einem anderen seiner Briefe geschrieben hat: *Gottes Kraft ist in den Schwachen mächtig.* Gottes Kraft ist auch in dir mächtig. Das soll deine Einstellung sein! Wir brauchen deswegen keine Angst vor unangenehmen Situationen haben. Gott sagt: Ich lass dich nicht allein. Du brauchst dich nicht auf deine eigene Redegewandtheit verlassen. Ich bin bei Dir, will Dir die richtigen Worte geben. Im Test in der Schule. Bei schwierigen Menschen. Vor beunruhigenden Terminen. Und mitten drin in einem Problem. Das gilt für Timotheus, das gilt für dich! Lege mit Gottes Kraft die Fesseln des Kleinglaubens ab:

Hat jemand von euch in der nächsten Zeit vor, einen Elefanten zu dressieren?! So einen indischen Arbeitselefanten zum Gartenaufräumen? -Keiner?- Hört trotzdem ganz genau zu, was ich euch jetzt sage: Einem Dompteur gelingt es, einen Elefanten mit einem ziemlich einfachen Trick zu beherrschen: Er bindet den Elefanten, wenn er noch jung ist, mit einem Fuss an einen grossen Baumstamm. So sehr der kleine Elefant sich auch wehrt, er kann sich nicht befreien. Ganz allmählich gewöhnt sich das Tier daran, dass der Baumstamm stärker ist als es selbst. Und wisst ihr, was ihr dann nur noch machen müsst? Wenn euer Elefant dann erwachsen ist und enorme Kräfte hat, braucht ihr nur eine ganz dünne Schnur an seinem Bein zu befestigen und ihn an einen Zweig anzubinden. Er wird nicht mehr versuchen, sich zu befreien. Einfach aus Macht der Gewohnheit, weil er klein von sich und seinen Kräften denkt. Wie bei den Elefanten stecken auch wir oft nur in einer dünnen Schlinge. Doch da wir oft von Kindesbeinen die Macht der Mutlosigkeit und der Verzagtheit gewohnt sind, wagen wir nicht, uns dagegen zu wehren. Und vergessen darüber, dass nur ein einfacher und gezielter Glauben nötig ist, um unsere inneren Ketten zu sprengen. Um falsche Pfade zu verlassen. Um unsere Sorgen aus unserem Leben zu verbannen. Um nicht mehr vor unseren Problemen in die Knie zu gehen. Alles das brauchen wir doch nicht mehr. Gott hat uns doch den Trumpf der Glaubenskraft geschenkt. Spiele ihn doch aus! Wende ihn an, diesen Trumpf der Kraft.

Zweitens: Gott hat dir einen weiteren Trumpf gegeben: **Den Geist der Liebe.**

Ein Tierarzt kann über einen Hundebesitzer, den er gar nicht kennt, eine Menge sagen, indem er seinen Hund beobachtet. Ich frage euch: Was erfährt die Welt von Gott, wenn sie uns, seine Leute, betrachtet? Erkennen die anderen Menschen an uns, dass Gott die Liebe ist und dass sein Geist der Liebe unser Leben bestimmt? Zeige doch, an was für einen Gott du glaubst. Setze konkret Zeichen der Liebe Gottes! Tue das auch gegen den Trend und Widerstand. Wenn andere gleiches mit gleichem vergelten, tu dies nicht!

Ich muss an das Beispiel russischer Soldatenveteranen in Stalingrad denken. Ich denke, ihr wisst es alle: Stalingrad ist der Ort einer der schlimmsten Vernichtungsschlachten im Zweiten Weltkrieg. Die russischen Veteranen wollten bewusst Versöhnung mit ihren einstigen Kriegsgegnern. Gegen die Pressemeinung setzten sie durch, dass auch die ehemaligen Feinde vor Ort einen eigenen Grabplatz bekamen. Wie gut, dass die russischen Veteranen nicht Auge um Auge gehandelt haben. So konnten Wunden zuwachsen, so ist ein neues Miteinander wirklich möglich. Um wie viel mehr sollten wir das auch so in unserer Umgebung tun! Liebe bitte auch gegen die allgemeine Meinung. Versuche immer wieder die zu lieben, die niemand liebt. Gewöhne dir auch ab, lieblos andere zu beurteilen. Bete im Stillen für einen Bettler und gib ihm eine Kleinigkeit. Habe gute Gedanken für ihn, statt ihn vorschnell als Faulpelz oder Nutzniesser unseres Sozialsystems zu bezeichnen. Denn du kennst nicht seine Geschichte.

- Bitte Gott um offene Augen und Phantasie, ein praktisches Zeichen der Liebe zu setzen. Frage dich: Wo ist jemand, der deinen Beistand braucht?

-Mit wem solltest du jetzt endlich Frieden schliessen?

-Wo darfst du etwas Gutes tun

-Wo kannst du Leiden lindern?

-Wo gibt es Menschen, denen du Mut, Zuversicht und Kraft schenken kannst?

-In jedem Fall darfst du eines wissen: Liebe bringt dich weiter. Liebe bringt vor allem immer wieder Liebe zurück. Spiel diesen Trumpf aus!

Der dritte Trumpf ist schliesslich **der Geist der Besonnenheit.** Besonnenheit heisst: Nicht kopflos werden. In Ruhe die Lage betrachten. Als General Wellington mit den anderen europäischen Verbündeten über Napoleon siegte, sollte der Ausgang der berühmten Schlacht bei Waterloo mittels eines optischen Signals übermittelt werden. Auf der einen Seite des Kanals wird das Signal gegeben und in England entziffert man vorschnell: *Wellington besiegt*. Eine grosse Enttäuschung, ja Panik macht sich breit. Einige rufen: *Jetzt ist es aus!* Andere brechen in Tränen aus. Aber Moment! Dann kommt der Rest der Botschaft: *Wellington besiegt* ***den Feind!*** Die Verzweiflung weicht schnell einer unbeschreiblichen Erleichterung. Lass auch du dich nicht vorschnell von Stimmungen mitreissen. Bevor du in Panik und Verzweiflung ausbrichst, warte doch erst einmal ab, wie die Geschichte ausgeht, was Gott wirklich für dich bestimmt hat!

Meine Frau und ich hatten in der letzten Woche eine Sache, die uns regelrecht auf den Magen geschlagen war. Hätten wir nur ein wenig abgewartet. Alles hatte sich tags drauf ins Gegenteil gedreht und sich für uns in einen völligen Vorteil verwandelt. Und darum: Lass auch du dich nicht vorschnell von Stimmungen mitreissen. Halte dagegen! Nutze darum Gottes Trumpf der Besonnenheit! Bei der Besonnenheit geht es vor allem darum: Zur Besinnung zu kommen, wer dein Herr ist! Erwarte das Beste von ihm! Für deine Gesundheit. Deine Finanzen. Für deine Zukunft. Erinnere dich daran: Gott hat(!) uns den Geist der Kraft und der Liebe und der Besonnenheit bereits gegeben. Habt ihr es gehört, wie ich diesen Satz betont habe?

Gott **hat** gegeben: Wir haben also alle diese drei Trümpfe als Christen schon bekommen! Spielen wir darum Gottes Trümpfe immer wieder aus! Amen.

Printed by Books on Demand GmbH, Norderstedt / Germany